Albert Sprock

Leben - Gedicht - Glauben

Besinnliches anhand von Gedichten

Fromm Verlag

Imprint
Any brand names and product names mentioned in this book are subject to trademark, brand or patent protection and are trademarks or registered trademarks of their respective holders. The use of brand names, product names, common names, trade names, product descriptions etc. even without a particular marking in this work is in no way to be construed to mean that such names may be regarded as unrestricted in respect of trademark and brand protection legislation and could thus be used by anyone.

Cover image: www.ingimage.com

Publisher:
Fromm Verlag
is a trademark of
Dodo Books Indian Ocean Ltd. and OmniScriptum S.R.L publishing group

120 High Road, East Finchley, London, N2 9ED, United Kingdom
Str. Armeneasca 28/1, office 1, Chisinau MD-2012, Republic of Moldova, Europe
Managing Directors: Ieva Konstantinova, Victoria Ursu
info@omniscriptum.com

Printed at: see last page
ISBN: 978-3-8416-0397-5

Albert Sprock

Leben - Gedicht - Glauben

Albert Sprock

Leben

Gedicht

Glauben

Besinnliches anhand von Gedichten

Ein Wort zuvor

„Ein Gedicht ist immer die Frage nach dem Ich."

Gottfried Benn hat es so einmal niedergeschrieben.

Seit Schülerzeiten haben mich Gedichte immer angesprochen.

Je neu regen sie mich an, über mein Leben nachzudenken, sie auch in Beziehung zu meinem Glauben zu setzen.

Es mag auch an dem liegen, was Rabindranath Tagore so ausdrückt: „Alle Dichter haben einen Sinn für das Unendliche, in irgendeiner Weise, aber ihr wacher Sinn für das Begrenzte verleiht ihren Werken die individuelle Eigenart."

Jeweils ein Gedicht war denn auch Ausgangspunkt von Betrachtungen, die ich vom 6. - 11. September 1999 als Morgenandachten im Norddeutschen Rundfunk hielt.

Ergänzt habe ich sie um weitere Reihen, die in den vergangenen Jahren in Urlaubs- und Erholungstagen entstanden sind.

Ich wünsche allen Leserinnen und Lesern, sich durch diese und weitere Gedichte ansprechen zu lassen.

Hamburg, 2015

Albert Sprock

Liste der Gedichts-Betrachtungen

Hermann Hesse, Im Nebel

Als ich noch ein Schüler war, lebten wir in einer recht beengten Wohnung. Dort meine Schularbeiten zu erledigen, war nicht immer einfach. Zumal wenn meine jüngeren Geschwister bei schlechtem Wetter sich nebenan aufhielten und nicht wahrnahmen, dass ich meine Gedanken sammeln und mich konzentrieren wollte.
Besonders schwierig fand ich es, in solcher Situation ein Gedicht zu bedenken und sich in die Gedanken- und Gefühlswelt eines Dichters zu versetzen. An eines jedoch werde ich mich zeitlebens erinnern: Hermann Hesse (*2.7.1877 Calw, + 9.8.1962 Montagnola, Schweiz – 1946 Nobelpreis für Literatur) sollten wir interpretieren, sein Gedicht **Im Nebel.**

Im Nebel

Seltsam, im Nebel zu wandern!
Einsam ist jeder Busch und Stein,
Kein Baum sieht den andern,
Jeder ist allein.

Voll von Freunden war mir die Welt,
Als noch mein Leben licht war;
Nun, da der Nebel fällt,
Ist keiner mehr sichtbar.

Wahrlich, keiner ist weise,
Der nicht das Dunkel kennt,
Das unentrinnbar und leise
Von andern ihn trennt.

Seltsam, im Nebel zu wandern!
Leben ist Einsamsein.
Kein Mensch kennt den andern,
Jeder ist allein.

Ganz offensichtlich spricht Hermann Hesse persönliche, eigene Erfahrungen aus, die Wechselfälle seines Lebens, Höhen und Tiefen, Stimmungen. Ist es Resignation, wenn er feststellt, dass von den vielen Freunden, die da waren, als sein Leben noch licht war, nun keiner mehr sichtbar ist?
Und dennoch: *„Wahrlich keiner ist weise, der nicht das Dunkel kennt.“*, sagt Hesse in der 3. Strophe. Aber stimmt diese Lebenserfahrung? Ist letztendlich jeder für sich verantwortlich, jeder allein? Ist unser Leben so?
Vieles spricht dafür. Welches Maß, welches Unmaß an Einsamkeit, schmerzlicher Einsamkeit ist auch heute zu finden, inmitten unserer so kommunikativen Welt, wo alles vernetzt ist. Nicht nur bei alten Menschen, die isoliert in den Wohnsilos unserer Großstädte leben, findet sich Vereinsamung.
Eigenartig. Hermann Hesse schrieb dies Gedicht 1906, zwei Jahre nach seiner Heirat. Der erste Sohn war geboren. Erfolge als Schriftsteller stellten sich ein. Eigenartig. In solcher Situation kann jemand einsam sein. Jedoch lehrt uns dies das Leben. Auch in Ehen kann Einsamkeit anzutreffen sein. Offenheit, Herzlichkeit, Vertrauen – sie wollen immer neu geschenkt und empfangen werden.
Braucht es aber im Leben nicht auch die Fähigkeit, allein sein zu können? Allein mit mir es aushalten zu können? Um dann zu wissen, zu erfahren: Ich bin allein – aber allein vor Gott.
Ich bin nicht einsam - ER ist da. Jesus ist mir da Vorbild.
Mehrfach berichten die Evangelien: *In aller Frühe, als es noch dunkel war, stand er auf und ging an einen einsamen Ort, um zu beten.* (Mk 1,35)

Johann Wolfgang von Goethe, Wanderers Nachtlied

In meiner Schulzeit mussten wir nicht viel auswendig lernen. Auch keine Gedichte. Schiller's „Glocke" ganz aufsagen zu können - das war Sache der Generationen vor uns!

Wir wurden jedoch intensiv hingeführt, Texte und Gedichte zu interpretieren. Natürlich, wenn es ein kurzes Gedicht war, konnten wir es hernach auch auswendig aufsagen.

So habe ich aus dem Deutschunterricht Goethe's Gedicht *Wandrers Nachtlied, Ein gleiches,* in Erinnerung.

Über allen Gipfeln
Ist Ruh,
In allen Wipfeln
Spürest du
Kaum einen Hauch;
Die Vögelein schweigen im Walde.
Warte nur, balde
Ruhest du auch.

Mir ist es aus dem Deutschunterricht in Erinnerung geblieben, weil mir bei der Besprechung Zusammenhänge aufgingen. Der Aufbau des Gedichtes, der den Blick des Wanderers langsam sinken lässt von der Sphäre *„über allen Gipfeln"* durch die Baum-Wipfel hin zu den schweigenden Vögeln und schließlich zu sich selber. Auch die Stufen des Seins, die hier benannt sind, offenbaren den Meister: die unbelebte Natur der Gipfel - die Wipfel als Hinweis auf die pflanzliche Lebenswelt, die Tierwelt in den „Vögelein" und schließlich der Mensch, der im dichterischen Du angesprochen wird, zu sich selber kommt.

Heute entdecke ich noch mehr in diesen wenigen Zeilen.

Von Ruhe ist am Anfang und am Schluss die Rede. Mittendrin spürt der Wanderer *„kaum einen Hauch"*.

Mich lässt es denken an den Odem Gottes, mit dem der Schöpfer dem Menschen Leben einhaucht.

Haucht aber der Mensch sein Leben aus, kommt er zur Ruhe. Am Grab beten wir in der katholischen Beerdigungsliturgie: *Herr, gib ihm die ewige Ruhe.*

Ob nicht die Menschen zur Zeit Goethe's dies mitgehört haben? Ihnen war der Hinweis auf das Lebensende, auf Sterben und Tod noch vertraut. Die Generationen vor uns beteten bewusst um eine gute Sterbestunde und bereiteten sich so darauf vor.

Gewiss: ans Sterben gelangen, das Leben auszuhauchen - das bleibt für uns Menschen immer eine Herausforderung, immer ein Schritt, den wir mit bangem Herzen tun.

Eines aber macht mir Mut: mein Glaube daran, dass Gottes Leben spendender Geist uns geschenkt ist. Im Johannes-Evangelium heißt es, dass Jesus seine Jünger anhauchte und zu ihnen sprach: *Empfangt den Heiligen Geist.* (Joh 20,22)

Dieser Geist Gottes ist es, der lebendig macht.

Und das gilt wohl auch über den Tod hinaus.

(Johann Wolfgang von Goethe * 28.8.1749 Frankfurt (M), + 22.3.1932 Weimar)

Albrecht Goes, Sieben Leben

„Man lebt schließlich nur einmal!“
Mit dieser Feststellung entschuldigt mancher sein Verhalten und rechtfertigt damit Lebensweisen und Handlungen, die dem eigenen Vorteil dienen und gelegentlich gar selbstschädigend sind.
„Man lebt schließlich nur einmal!“
Und da gilt es, möglichst viel rauszuholen. Ein ungeheurer Lebenshunger steht wohl dahinter. Das Normale, Alltägliche, das, was allen gemeinsam ist, ist zu wenig. Das Leben muss mehr bieten. Da kommt es nicht selten vor, dass jemand sein Leben für ein Er-Lebnis in die Waagschale wirft. Dies eine Leben.
Der Dichter Albrecht Goes (* 22.3.1908 Langenbeutingen, Württ., Pfarrer, christlicher Dichter, + 23. 2. 2000 Stuttgart-Rohr) muss diesen Hunger nach Leben auch verspürt haben. In seinem Gedicht *„Sieben Leben“* drückt er dies aus:

Sieben Leben möcht ich haben:
Eins dem Geiste ganz ergeben,
So dem Zeichen, so der Schrift.
Eins den Wäldern, den Gestirnen
Angelobt, dem großen Schweigen.
Nackt am Meer zu liegen eines,
Jetzt im weißen Schaum der Wellen,
Jetzt im Sand, im Dünengrase.
Eins für Mozart. Für die milden,
Für die wilden Spiele eines.
Und für alles Erdenherzleid
Eines ganz. Und ich, ich habe -
Sieben Leben möcht ich haben! -
Hab ein einzig Leben nur.

So vieles möchte er erleben, möchte er hinein packen in sein Leben. Und doch spürt er, weiß er: Eines hat er nur. Auch wenn er sieben haben möchte.

Was hilft in dieser Situation?

Resignatives Sich-Fügen? Abgeklärtheit des Alters? Durch Erfahrung klug gewordene Weisheit?

Ich meine: Wir sollten zu unserer Sehnsucht stehen! Wir sind so gebaut, so geschaffen, dass wir auf dieser Erde dem Leben in seiner Vielfalt nachjagen. Diese Sehnsucht belebt uns, treibt uns voran. Sie lässt uns manches er-leben. Auch nach Rückschlägen spüren wir: Das Leben geht weiter! - und rappeln uns auf.

Aber noch eines ist mir dann wichtig. Jesus, der offensichtlich unseren Lebenshunger kennt und um die Gefährdungen und Beschränkungen in diesem Leben weiß, er gibt uns eine Verheißung, eine Zusage*: „Ich bin gekommen, damit sie das Leben haben und es in Fülle haben." (Joh 10,10)* Ja, er sagt gar Unglaubliches zum Glaubenden. Er sagt:

> *"Ich bin das Leben!" (Joh 11,25; Joh 14,6)*

Es braucht nicht sieben Leben!

In dem einen Leben, das wir hier auf Erden leben und das in alle Ewigkeit seine Fortsetzung erfährt, ist alles enthalten, die Fülle!

Reiner Kunze, Bittgedanke, dir zu Füßen

Tagelang habe ich mit mir gerungen. Hochzeit, Trauung ist schließlich ein Ereignis, bei dem alle positiv gestimmt sind. Freude liegt in der Luft, ein Fest ist angesagt. Darf ich da an schlimmes Erleben erinnern, gar an Tod?
Die erste Frau, die Mutter dieser beiden bildhübschen Mädchen, war vor einigen Jahren an Krebs gestorben. Das Leid in dieser Familie war noch lebendig. Durfte ich daran rühren, dies Schicksal noch einmal ansprechen, heute, wo ein neuer Anfang gemacht wurde, eine neue Ehe begann, die Töchter wieder eine Mutter bekamen? Ich habe mich schließlich dazu durchgerungen. In der Trauungsansprache habe ich Reiner Kunze (*16.8.1933 Oelmütz, lebt seit 1977 in Bayern, freischaffender Schriftsteller) zitiert, sein Gedicht:

Bittgedanke, dir zu Füßen.

Stirb früher als ich, um ein weniges
früher
Damit nicht du
den weg zum haus
allein zurückgehn mußt

Gewiss, die Erinnerung an schwere Tage in dieser Familie schmerzte, Augen tränten.
Aber muss nicht ehrlicherweise an einem Hochzeitstag auch an die Konsequenz dieses Schrittes erinnert werden? Liebe und Treue einander zusprechen – in guten und in schweren Tagen – bis der Tod uns scheidet. Liebe und Leid sind oft Geschwister, Leben und Tod gehören zusammen. Bei aller Freude an solch einem Tag den ganzen Ernst nicht verschweigen – das wird dem Menschen gerecht.
Das Liebesgedicht von Reiner Kunze geht dabei einen erstaunlichen,

überraschenden Weg. Wer je einen Menschen geliebt hat, weiß, wie schwer der Verlust dieses geliebten Menschen wiegt, mit dem er Jahre und Jahrzehnte das Leben in Höhen und Tiefen geteilt hat. Und deshalb bittet - oder betet - der Liebende: *„Stirb früher als ich."*

Er will dem geliebten Menschen den Schmerz des Alleingelassenseins, des Hinterbliebenseins ersparen. Seine Liebe will dies Schwere selber übernehmen und tragen. So stark kann wahre Liebe sein.

Die Bibel weiß darum. Im Hohenlied der Liebe in der hebräischen Bibel findet sich der so tiefe Gedanke: *Stark wie der Tod ist die Liebe. (Hld 8,6)*

Das muss mit Gott zu tun haben, den das Neue Testament im 1. Johannesbrief „die Liebe" zu nennen wagt (1.Joh 4,8). Er steht über allem, auch über dem Tod.

Der Tod hat bei ihm nicht das letzte Wort. Jesu Auferweckung aus dem Tod ist dafür ebenso Beweis, wie die Fähigkeit des liebenden Menschen, über den Tod hinaus Liebe zu erweisen.

Hilde Domin, Ecce, homo

Zu den beeindruckendsten Zeichenhandlungen der katholischen Karfreitagsliturgie gehört die Enthüllung eines Kreuzes. Zwei Wochen vor Ostern werden die Kreuze in den Kirchen mit einem violetten Tuch verhüllt. Am Karfreitag wird dann ein Kreuz in drei Schritten wieder enthüllt und der Gemeinde gezeigt. Es soll an das Leiden Jesu, an sein Sterben am Kreuz erinnert werden. Dreimal wird dazu gesungen: *„Seht, das Holz des Kreuzes, an dem der Herr gehangen in Schmerz und Todesbangen."* Die lateinische Fassung beginnt mit den Worten: *Ecce, lignum crucis.*

In der neuen Westerländer Kirche auf Sylt haben wir in den Jahren nach der Kirchweihe (30. 4. 2.000) die aus der alten Kirche stammende Christus-Figur enthüllt. Anschließend haben der Diakon und der Pfarrer sie hoch erhoben in Stille vor der Gemeinde hergetragen.

Die schlichte Bronzegestalt - ohne Kreuzbalken, aber mit den weit geöffneten Armen an das Kreuz erinnernd – beeindruckte tief und verwies auf das Geschehen auf Golgotha. Wir hätten dazu singen können: *Ecce, homo! - Seht, der Mensch!*

Oder wir hätten das Gedicht von Hilde Domin (* 27. 7. 1909 Köln, + 22. 2. 2006 Heidelberg, jüdische Schriftstellerin) rezitieren können, das eben *den Titel* trägt:

Ecce, homo.
Weniger als die Hoffnung auf ihn
das ist der Mensch
einarmig
immer
Nur der gekreuzigte
beide Arme
weit offen
der Hier-Bin-Ich

Als ich vor Jahren dieses 1965 formulierte Gedicht kennen lernte, sprach es mich sofort an, verwies es mich doch auf Christus, auf meinen Glauben an Ihn.
Dabei ist erstaunlich, dass Hilde Domin vermeintlich auf die weit offenen Arme des gekreuzigten Christus hinweist. Diese Dichterin, die doch aus einem jüdischen Elternhaus stammt, und schlimmer Verfolgung im christlichen Abendland durch Weggang ins Exil entkam.
Doch hier, im Hinweis auf den Gekreuzigten, unterliegen wir leicht einem Irrtum. Hilde Domin schreibt das Wort *„der gekreuzigte“* klein. Sie meint es viel grundsätzlicher, existentieller, menschlicher. Wohl hoffen wir immer neu, der Mensch möge seine Berufung zur Humanität leben. Aber solche Hoffnung trügt. Immer zeigt er sich einarmig, ist unfähig zur Hingabe, reißt an sich, schlägt zu. Erst die beiden offenen Arme des gekreuzigten Menschen können umarmen, liebend umfangen, können bergen.
Darin zeigt sich Hingabe, liebende Gebärde, darin zeigt sich Erbarmen - aber zugleich auch die schutzlose Geste des Ausgeliefertseins. Die letzte Zeile der jüdischen Dichterin will wohl Hinweis sein auf Gott, auf JAHWE.
JAHWE – so hat er sich nach biblischer Tradition selbst genannt; übersetzt heißt Sein Name: „Ich bin da - Ich bin für euch da.“ (Ex 3,14)
Als Christ erkenne ich dies wieder in der Gestalt des auf Golgotha Gekreuzigten. Als solcher ist ER da, schenkt Hoffnung, Hoffnung durch die, die es ihm gleichtun.

Nur der gekreuzigte
beide Arme
weit offen
der Hier-Bin-Ich.

Walther von der Vogelweide, Ich saz ûf eime steine

Ein halbes Schuljahr lang lasen wir Texte und Gedichte aus der alt- und mittelhochdeutschen Literatur. Ich war davon beeindruckt. Ich mochte die Sprache. Wir gewannen Einblick in eine Welt, in ein Denken weit vor unserer Zeit.
Walther von der Vogelweide (* um 1160 / 70 Niederösterreich, + um 1230 bei Würzburg) habe ich lebhaft in Erinnerung:

Ich saz ûf eime steine
und dahte bein mit beine;
dar ûf satzt ich den ellenbogen;
ich hete in mîne hant gesmogen
daz kinne und ein mîn wange

Er beschreibt also, wie er sinnend da sitzt, auf einem Stein, die Beine übereinander geschlagen, den Ellenbogen darauf stützend und das Kinn in die eine Hand gelegt.
So sinniert der Dichter, *„wie man driu dinc erwurbe, der keines niht verdurbe."*
Drei unverderbliche Güter möchte er erwerben.
Die beiden Ersten erkennt er in der Ehre und in zeitlichen Gütern, im Besitz. Aber sogleich sieht er, dass beide sich manchmal einander ausschließen - daher ist ihm als Drittes wertvoller: *daz dritte ist gotes hulde* – Gottes Segen.
Am Ende des Gedichts kommt wohl eine politische Note herein, wenn er Verrat und offene Gewalt beklagt. Friede und Recht sind *„sêre wunt"*. Erst wenn sie wieder hergestellt sind, haben die drei ersehnten Güter eine Chance.
Vor 800 Jahren ist dies Gedicht geschrieben – und es ist aktuell geblieben.
Wie oft zweifeln und verzweifeln Menschen auch heute an Gott und den Mitmenschen, weil ihnen Schlimmes widerfährt. Wir brauchen dazu wahrlich nicht nur auf Kriegs- und Bürgerkriegsgebiete zu verweisen. Im Kleinen wie im Grossen sind wir zur Humanität, zu mitmenschlichem, solidarischem Verhalten

herausgefordert. Erst dann kann ein menschenwürdiges Zusammenleben heranwachsen.

In der Bibel, im Buch Jesaja, finde ich den Satz: „*Das Werk der Gerechtigkeit wird der Friede sein, der Ertrag der Gerechtigkeit sind Ruhe und Sicherheit für immer.*“ (Jesaja 32,17)

Gewiss, es ist eine Zukunftsvision. Aber es gibt Schritte auf dem Weg dorthin. Am konsequentesten sind sie von Jesus Christus gelebt worden. Ihm nachzufolgen, ihm nachzueifern, sind wir herausgefordert – zu unserem eigenen Wohl.

Darum kann Paulus mahnen: „*Seid untereinander so gesinnt, wie es dem Leben in Christus entspricht.“(Phil 2,5ff.)*

Jesus hat seine Hingabe, seine Liebe bis zum Äußersten gelebt. Darum preist ihn die frühchristliche Gemeinde schon in einem Lied, das Paulus überliefert: „*Jesus Christus ist der Herr!*“ und fügt hinzu: „*zur Ehre Gottes, des Vaters*“.

Frühere Generationen formulierten einmal ihr Lebenswissen so: *An Gottes Segen ist alles gelegen.*

Walther von der Vogelweide hat im Mittelalter darum gewusst – auch im Blick auf gesellschaftliche und politische Verhältnisse.

Es dürfte heute nicht anders sein.

Rainer Malkowski, Die Frage

Unwillig und wohl auch trotzig stieß der junge Rekrut sein Ansinnen hervor: Genießen wolle er das Leben. Mehr interessiere ihn nicht. – Mein Anliegen, mit der Gruppe junger Soldaten im Lebenskundlichen Unterricht ein tiefer gehendes Gespräch zu führen, beantwortete er mit Verweigerung.

Auch wenn in unsern Tagen viele schon wieder anders denken und reagieren – solch eine Verweigerungshaltung mag bei etlichen Zeitgenossen noch anzutreffen sein. Manch einer will dann mit scheinbar wissenschaftlich gut fundierten Tatsachen argumentieren – und lässt weiter führende Fragen nicht zu.

An das Erlebnis mit dem jungen Soldaten wurde ich erinnert, als ich beim Durchblättern eines Gedichtsbandes auf einen Text von *Rainer Malkowski* (Lyriker, * 26.12.1939 in Berlin; + 01.09.2003 in Brannenburg) stieß. Allein schon die Überschrift mag ihm Programm und Anliegen sein: *Die Frage*

Darunter hält er fest:

Alles Chemie.

Das Wachstum der Zellen,
ihr genaues, befristetes Leben:
alles Chemie.
Die Erfindung der Götter,
das Hohelied, das Radioteleskop:
alles Chemie.

Die Standhaftigkeit
des politischen Gefangenen,
das Glück und der Tastsinn,
freiwillige Armut,
die Rede des Chemikers
bei der Nobelpreisverleihung:

nichts als Chemie.

Nichts als Chemie
das kostbarste Erbgut:
die Frage.

Was Inhalt der Frage ist – davon spricht er nicht. Aber die wissenschaftlich erwiesene Erkenntnis, dass chemische Prozesse große Teile unseres Lebens bestimmen, ergänzt er geradezu karikierend mit der scheinbaren Schlüssigkeit, dass auch hoch geistige, ja spirituelle Erfahrungen und Äußerungen des Menschen *"alles Chemie"* seien. Mit untergründiger Ironie hält er solchem Zeitgenossen deren Überzeugungen vor Augen, alles sei Chemie: das Glück, das Hohelied, auch die freiwillige Armut.

Und am Ende – in scheinbar nüchterner Feststellung – mit hörbarem Vorwurf in der Stimme angesichts dieser unverständlichen Ignoranz – der Verweis auf „das kostbarste Erbgut: die Frage".

Alfred Kumpf hat einmal festgestellt: *Es ist besser, eine Frage offen zu lassen, als ihr den Mund zu stopfen.*

Das mag gelten für eine Frage, für viele Fragen, die sich in unserm Leben auftun. Ganz gewiss aber gilt dies für *„die Frage"*. Für die Frage, die auf Sinn unseres Lebens zielt, seine Herkunft und Zukunft, nach dem Eigentlichen und Tragenden. Es ist die Frage nach Gott.

Ich bin sicher: Diese Frage ist in der Menschheit nicht ausrottbar. Mag der Einzelne auch Lebensphasen durchschreiten, in denen er sie verdrängt oder manch Anderes in seinem Leben sie unterdrückt – sie steigt immer neu auf:

das kostbarste Erbgut: die Frage.

Und ich bin glaubenssicher: Sie findet ihre Antwort!

Helmut Heißenbüttel, das Sagbare sagen

Nachdem ich das Gedicht von Helmut Heißenbüttel (* 21. 06. 1921 in Rüstringen; † 19. 09. 1996 in Glückstadt) aus dem Jahr 1980 gelesen hatte, dachte ich: Da fehlt doch was! Ich las die erste Strophe:

das Sagbare sagen
das Erfahrbare erfahren
das Entscheidbare entscheiden
das Erreichbare erreichen
das Wiederholbare wiederholen
das Beendbare beenden

Da fehlt doch was, dachte ich. Da fehlt doch:

das Machbare machen!

Ich las die folgende, im Aufbau fast identische Strophe:

das nicht Sagbare
das nicht Erfahrbare
das nicht Entscheidbare
das nicht Erreichbare
das nicht Wiederholbare
das nicht Beendbare

Meinte nicht der Autor auch hier: All das scheinbar nicht Mögliche erledigen!?
Am Ende also auch hier zu ergänzen: *das nicht Machbare - machen*! ?
So dachten wir, so lebten wir doch vor Jahren: in einer Zeit des Machbaren! Volltönend lautete die Devise: Wenn wir nur genügend Zeit und Geld haben – dann wird alles machbar! Dann lösen wir alle Probleme: die furchtbaren Hungersnöte auf der Welt und das unsägliche Elend – wir werden sie beseitigen! Die Bildungsunterschiede zwischen sozialen Schichten in der Bevölkerung – sie werden bald der Vergangenheit angehören! Wohlstand für alle – nicht nur bei uns – dies Ziel

erreichen wir weltweit! Alles wird machbar sein – wir brauchen nur etwas Zeit und Geld.

Sicher, es gab dann plötzlich einen Club of Rome, der nicht so fortschrittlich dachte, eher düster. Und der Optimismus ging uns langsam auch verloren. Irgendwann war nicht mehr die Rede davon: *das Machbare machen.*

Worauf aber will Helmut Heißenbüttel eigentlich hinaus? Die völlig gleich gestalteten beiden Strophen könnten bis zur letzten Zeile ja nahe legen: Wag dich dran! Lass dich nicht so leicht unterkriegen! Wag dich an alles! Und auch: Was scheinbar nicht sagbar, nicht erfahrbar und entscheidbar, was angeblich nicht erreichbar oder wiederholbar ist – wag es trotzdem! Halt dagegen! Also doch: *das Machbare machen.* ?

Ganz am Ende aber durchbricht er dies Denkschema.

Hätten wir gedacht und im Stillen ergänzend formuliert: *das nicht Beendbare – beenden,* so greift er genau diese Zeile nochmals auf und fordert kategorisch: *das nicht Beendbare nicht beenden.*

Es bleibt in unserm Leben etwas offen! Es ist beileibe nicht alles machbar. Was aber ist für Helmut Heißenbüttel – was ist für mich *das nicht Beendbare?*

Für mich sind's immer noch: die letzten Fragen. Nach dem Woher und Wohin, nach den inneren Zusammenhängen und einem letzten Sinn und Ziel. Es ist *nicht beendbar* die Frage nach Gott!

Hier gilt es, Fragender, Suchender zu bleiben. Sich nicht zufrieden zu geben mit dem von uns selber *Machbaren*, von dem scheinbar so schlüssig *Sagbaren;* nicht stehen zu bleiben beim bisher *Erfahrbaren;* das vordergründig leicht *Entscheidbare* nicht schon als das Endgültige und Letzte auszugeben – offen zu bleiben für ein Mehr und ein Größeres also; aber auch nicht zu schnell zu resignieren und beim Erreichten und *Erreichbaren* stehen zu bleiben und das *Wiederholbare* nicht doch nochmals zu versuchen.

Es gilt, Fragender, Suchender zu bleiben. Denn: Es ist *nicht beendbar* die Frage nach Gott! Wir dürfen sie *nicht beenden*!

Ernst Jandl, an gott

Gewiss, der Sprachstil von Ernst Jandl (österreichischer Dichter und Schriftsteller; * 1. August 1925 in Wien; † 9. Juni 2000 ebenda) ist nicht jedermanns Sache. Er ist auch gewöhnungsbedürftig. Und ein wenig erinnert mich der Text, den ich in einer Anthologie mit dem Titel GOTT IM GEDICHT von ihm fand, auch an den unbeholfenen Sprechstil eines Ausländers, der mit der deutschen Sprache noch nicht sehr vertraut ist.

Bei diesem Gedicht mit dem Titel *an gott* ist das – so vermute ich – sogar gewollt. Es lautet:

dass an gott geglaubt einstens er habe
fürwahr er das könne nicht sagen
es sei einfach gewesen gott da
und dann nicht mehr gewesen gott da
und dazwischen sei gar nichts gewesen
jetzt aber er müsste sich plagen
wenn jetzt an gott glauben er wollte
garantieren für ihn könnte niemand
indes vielleicht eines tages
werde einfach gott wieder da sein
und gar nichts gewesen dazwischen

Der Autor – er spricht wohl von sich in der 3. Person als ER – sucht sich klar zu werden in seinen Lebenserfahrungen. Drei Jahre vor seinem Tod im Jahr 2000 veröffentlichte er diesen Text. Wie so vielen Zeitgenossen mag es auch Ernst Jandl in seinem Leben gegangen sein. Mancher wächst heran mit dem in Kindesjahren vermittelten Glauben – Gott war einfach da. Und es passiert nichts Spektakuläres – *und dann nicht mehr gewesen gott da.*

Steht dahinter die Gott-Vergessenheit eines Zeitgenossen, bei dem „der Glaube verdunstet“, wie ein anderes, fast geflügeltes Wort es festhält?
Und nun erlebt er seine Gott-Sehnsucht, sein An-Gott-glauben-wollen plötzlich als Plage, als mühsam und ihn auch verunsichernd. Niemand kann für ihn garantieren.
Welch schöne, anrührende Hoffnung, welche Sehnsucht aber drückt sich in den letzten Zeilen aus! Manch einer mag denken: Wie naiv!
Und doch: *vielleicht eines tages …*
Wo wohnt Gott? fragt eine alte jüdische Geschichte des Chassidismus. Und der Rebbe weiß zur Antwort: *Gott wohnt, wo man ihn einlässt.*
So denke ich, am Ende seines Lebens zeigt Ernst Jandl in seinem Suchen, wie sehr sein Lebenshaus offen steht. Wie sehr sein *vielleicht* sein Sehnen ausdrückt. Und so vertraue ich, dass am Ende auch für ihn *einfach gott wieder da* war – als wär *dazwischen gar nichts gewesen.*
Den Gottsuchern auf dem Marktplatz von Athen erklärt der Völkerapostel Paulus es so: *Sie* – die Menschen - *sollten Gott suchen, ob sie ihn ertasten und finden könnten; denn keinem von uns ist er fern. Denn in ihm leben wir, bewegen wir uns und sind wir, wie auch einige von euren Dichtern gesagt haben: Wir sind von seiner Art.* (Apostelgeschichte 17, 24 ff.)
Gott ist dir näher als du denkst!

Welch ein Trost!

Albrecht Goes, Erwachen

Zerrissen kann jemand sein, innerlich zerrissen. Hin und her gerissen zwischen den so widersprüchlichen Erfahrungen eines langen Menschenlebens. 92 Jahre wurde der Dichter Albrecht Goes alt (deutscher Schriftsteller und protestantischer Theologe; 22. März 1908 in Langenbeutingen; † 23. Februar 2000 in Stuttgart-Rohr). Welche Erlebnisse und Erfahrungen – persönliche und weltgeschichtliche – mögen in diesen Jahrzehnten zwischen 1908 und 2000 versammelt sein! Und Tag für Tag dann – so der Titel eines seiner Gedichte - *Erwachen wieder.*
Die Titelzeile nimmt er zu Anfang des Gedichts nochmals auf und schildert:

Erwachen wieder
Und so angstvoll früh
Als wärs schon bald zu spät –
Wofür zu spät? Frag nicht, wofür zu spät.
Zu spät, um ganz die Notenschrift zu lernen,
Darin die ersten Amsellieder stehn,
Der Lobgesang, der Lockruf aller Liebe,
Die Stimme Warnung an die junge Brut:
Raub Tod Geschrei Gewalt ist in der Welt.
Ich weiß. Du weißt. Wir alle hier –
Und dennoch:
Den Morgen dieser Erd', und wärs der letzte,
Wag ich zu rühmen in der Amsel Lied.

Es ist zu guten Teilen wohl ein Selbstgespräch, das Albrecht Goes da mit sich führt. Und zugleich doch auch ein Gespräch mit einem Du, eine Auseinandersetzung mit uns allen.

Die Stimme Warnung an die junge Brut – der Hinweis an die nachfolgende, junge Generation auf den Zustand unserer Welt: *Raub Tod Geschrei Gewalt ist in der Welt. - Ich weiß. Du weißt. Wir alle hier –*
An der Stelle klingt's nach Resignation: So ist es um unsre Welt bestellt. Es ist traurig. Du, junger Mensch, wirst hineingeboren, hinaus gesandt in eine Welt von Mord und Totschlag. Du bist zu bedauern. Wir sind zu bedauern. Ich bin zu bedauern. - Doch halt!
Innerlich steht er auf, sträubt und wehrt sich gegen all das Negative – hält dagegen sein *Dennoch*, seine Hoffnung, seinen Glauben:

Und dennoch:
Den Morgen dieser Erd', und wärs der letzte,
Wag ich zu rühmen in der Amsel Lied.

Wer die Lebensgeschichte, die Biografie des Autoren Albrecht Goes ein wenig kennt, weiß darum, wie sehr er – bei allem Suchen – doch ein Glaubender war. Mag sein Glaube – mag unser Glaube auch nicht Antwort finden auf all die Widersprüchlichkeiten unserer Welt und unseres Lebens: Er hält sein *Dennoch* dagegen und gewinnt daraus Kraft für den Alltag.
Dahinter steht christliche Hoffnung, die mit Gott rechnet. Eine Zuversicht, die weiter reicht als bis heute und morgen, wo du wieder *so angstvoll früh* erwachst. Denn dieser Glaube sagt ihm, dass nach all den Dunkelstunden dieses Lebens *der Lockruf aller Liebe* ihm ertönt, dass Gott ihn heimholt ins Licht, ins Leben;
ins Ewige!

Paul Konrad Kurz, Mehr oder minder Wappentiere

Zu wem gehörst du? Welcher Gruppe fühlst du dich verbunden? Was ist dein Erkennungszeichen? Frühere Generationen fragten auch: In welchem Regiment hast du gedient? Welcher Fahne bist du gefolgt? Und so oft zeigte die Fahne ein Tier, ein Wappentier. Den Adler oder auch den Doppeladler. *IHRE Tiere* waren es, sagt *Paul Konrad Kurz* (* 08.04.1927 in Schussenried; † 10.11.2005) in einem knappen Gedicht, ihre Wappentiere. Den Löwen erwähnt er – und uns mag dazu Richard und sein Löwe in Braunschweig einfallen – den Wolf und auch den Hahn – wer dächte nicht an den gallischen der Franzosen.

In einer Gedichtssammlung *Wem gehört die Erde? Neue religiöse Gedichte* hat der Autor 1984 diesen Text erstmals veröffentlicht. Unter der Überschrift: *Mehr oder minder Wappentiere* markiert er äußerst knapp:

IHRE Tiere:
Adler, Doppeladler,
Löwe, Wolf, Hahn.

SEINE Tiere:
der Fisch, das Lamm,
die Taube, der Sperling.

Dem Christen ist wohl gleich geläufig, zu wem die zweite Gruppe der Tiere gehört: *SEINE Tiere* sind Christi Tiere. Im alltäglichen Leben begegnen sie uns wie auch in Seinen Gleichnissen. Symbole und sprechende Hinweise sind sie uns bis heute geblieben.

Auf seine Bitte hin reichen die Jünger dem Auferstandenen einen Fisch zu essen – womit er ihnen wohl zeigen will: ER LEBT! Bald schon wird der Fisch aber bei den

Jesus–Jüngern zum Erkennungszeichen. Denn im griechischen Wort ICHTHYS – Fisch – drücken sie verborgen-offen ihr Glaubensbekenntnis aus: Zu Jesus, dem Christus / Messias, Gottes Sohn, ihrem Retter / Erlöser bekennen sie sich. –
In jeder Eucharistiefeier werden wir auf das Lamm verwiesen: *Seht, das Lamm Gottes!* Johannes der Täufer weist seine Jünger mit eben diesen Worten auf Jesus hin, in dem er den gottgesandten Messias erkennt, dem er die Schuhriemen zu lösen nicht würdig ist. Der Messias, das Lamm Gottes – das sein Leben hingibt für die Seinen. (Joh 1,29 und 36) –
Wie eine Taube – in der Gestalt einer Taube kommt nach dem Zeugnis der Evangelisten Gottes Geist bei seiner Taufe im Jordan auf Jesus herab (Lk 3,22). Mögen wir Heutigen dies Symbol meist auch verbinden mit der Friedenstaube – so ist auch das nicht falsch. Denn Menschen, die aus dem Geist Christi leben, die voll seines Geistes sind, sind gewiss auch Friedensbringer. Paulus kann gar schreiben: *Denn er ist unser Friede.* (Epheser 2,14)
Dem Psalm-Beter Jesus war wohl auch der Vers aus Psalm 84 vertraut: *Auch der Sperling findet ein Haus und die Schwalbe ein Nest für ihre Jungen.* (Ps 84,4) An ihn wird er gedacht haben, als er seine Jünger darauf hinwies, dass er sich als unbehaust erfährt: *Die Füchse haben ihre Höhlen und die Vögel ihre Nester; der Menschensohn aber hat keinen Ort, wo er sein Haupt hinlegen kann. (Lk 9,58)*
Tiere - *Mehr oder minder Wappentiere* hat Paul Konrad Kurz uns in Erinnerung gerufen. So oft drücken sie etwas vom Wesen eines Menschen aus, enthalten eine Botschaft oder bergen ein Bekenntnis.
Ob wir in unserer häufig so technisierten Welt uns dafür wohl ein Gespür erhalten können?
Um die Bibel – auch in diesem Teil – zu verstehen, ist das gewiss nötig.

Carl Zuckmayer, Nachtgebet

Wer mehr als vierzig Jahre als Priester tätig ist, blickt auf eine Vielzahl von Begegnungen mit Hinterbliebenen von Verstorbenen zurück – und eben auch auf die zahlreichen Trauerfeiern und Beerdigungen. Dabei reicht die Spannbreite vom kurz nach der Geburt verstorbenen Menschenkind, auf das sich die meist jungen Eltern so sehr gefreut hatten – bis zum hoch betagten Menschen, der zuvor oft gesagt hatte, er sei lange schon zu sterben bereit und der Herrgott möge ihn doch bald und endlich heimholen.

Oft ist mir bei den so unterschiedlichen Situationen bei Trauerfeiern der Ausspruch unserer Vorfahren in den Sinn gekommen: *Junge Leute können sterben – alte Leute müssen sterben.* Solch ein Lebenswissen ist aber nicht immer ein Trost für die Hinterbliebenen.

Erinnert aber wurde ich an diese Erlebnisse, als ich in einem Gedichtsband auf Verse stieß, die Carl Zuckmayer (* 27. Dezember 1896 in Nackenheim; † 18. Januar 1977 in Visp, Schweiz) unter der Überschrift *Nachtgebet* mit der hinzugefügten Widmung *Dem Freund Kurt Hirschfeld November 1964* formulierte. Sie lauten:

Junge Leute werden manchmal wach
Und wissen, dass sie sterben müssen.
Dann erschauern sie kurz,
Und sehen verschiedene Bilder,
Und denken: Jeder muss sterben, und
Es ist noch Zeit.

Alte Leute werden manchmal wach
Und wissen, das sie sterben müssen.
Dann wird ihr Herz bang,
Denn sie haben gelernt,
Dass niemand weiß, wie Sterben ist,
Dass keiner wiederkam, davon zu künden,

Dass sie allein sind, wenn das Letzte kommt.
Und wenn sie weise sind,
Dann beten sie. Und schlummern weiter.

Zuckmayer verweist mit diesen Zeilen auf den von mir immer wieder erlebten Erfahrungshintergrund – nimmt dabei aber die beiden Altersgruppen selber als Betroffene in den Blick.

Und beide Male geht mir durch den Kopf: Trifft das auch heute, mehr als vier Jahrzehnte später, noch zu?

Bei „jungen Leuten" – ja, das mag wohl so sein, vielleicht immer. Der Kopf weiß: *Ich bin sterblich.* Aber das Herz und die Erwartungen ans Leben sagen zugleich: *Das hat noch Zeit!*

Wie aber ist es mit den „alten Leuten"? – Wobei dahingestellt bleiben kann, wann ist jemand in diesem betreffenden Sinn alt!

Jedenfalls wissen *„alte Leute"*, dass der Zeitpunkt der Abberufung aus diesem Leben näher gerückt ist, vielleicht sogar schon bald kommen kann. Ihn zu verdrängen geht kaum noch. Und – darauf verweist Zuckmayer mit Nachdruck – der Gedanke daran ist mit Verunsicherung verbunden, vielleicht gar mit Angst. Denn: *niemand weiß - keiner kam wieder - sie sind allein.*

Den Abschluss findet Zuckmayer aber in einem Trostgedanken. Gewiss: *Wenn sie weise sind.* Nicht jeder ist es offenbar – damals nicht – wohl auch heute nicht. Aber solch weise Menschen *beten dann.* Sie vertrauen sich – ihr Leben – ihre Angst – ihr Sterben – ihre Zukunft – Gott an. *Und schlummern weiter.*

Ist das dann auch Verdrängen? Beileibe nicht. Es ist letztes, tiefstes Vertrauen, das trägt. Um das es aber auch zu ringen gilt.

Unsere Vorfahren beteten regelmäßig um eine gute Sterbestunde.

Ob wir Heutigen es nicht auch wieder lernen sollten?

Rudolf Otto Wiemer, Das Wort

Kaum ein Jahr vergeht, ohne dass es Katastrophen gibt, kaum ein Land bleibt verschont. Und immer, wenn Menschenleben zu beklagen sind, brennen Kerzen – offiziell in Gedenkgottesdiensten, für jedes Opfer eine – und vielhundertfach am Ort des Geschehens. Und immer ist zu lesen – von Kameras auch festgehalten: WARUM? Natürlich, die uralte und immer neue Frage. Warum dies Leid? Warum so viele „unschuldige Opfer“? Warum das schuldhafte Versagen von Beteiligten, von Verantwortlichen?

Mich wundert nicht, dass diese Frage in der Bibel auch über 400 mal vorkommt, davon 90 mal im Neuen Testament. Am nachhaltigsten aber ist mir gegenwärtig, das WARUM? Jesu am Kreuz auf Golgotha. (so Mk 15,34)

Der Dichter Rudolf Otto Wiemer (Lyriker, Pädagoge; * 24. März 1905 Friedrichroda; † 5. Juni 1998 Göttingen) muss es ähnlich empfunden haben. In seinem Gedicht unter dem Titel *Das Wort* hat er festgehalten:

Keins seiner Worte
glaubte ich, hätte er nicht
geschrien: Gott, warum
hast du mich verlassen.

Das ist mein Wort, das Wort
des untersten Menschen.

Und weil er selber
so weit unten war,
ein Mensch, der „Warum“ schreit und
schreit „Verlassen“, deshalb könnte man
auch die andern Worte,

die von weiter oben,
vielleicht
ihm glauben.

Ein „suchender Glaube“ begegnet mir hier.
Von Rudolf Otto Wiemer ist bekannt, dass er ein überzeugter evangelischer Christ war. Vielfältig hat er davon Zeugnis abgelegt. Mit dem Verfasser des 1. Petrus-Briefes weiß er um die Freude, die der Glaube schenken kann. Und doch erfährt er auch, dass *„ihr jetzt vielleicht kurze Zeit unter mancherlei Prüfungen leiden müsst. Dadurch soll sich euer Glaube bewähren und es wird sich zeigen, dass er wertvoller ist als Gold, das im Feuer geprüft wurde und doch vergänglich ist.“*
(1 Petrus 3,6f.)
Prüfungen aber führen unweigerlich zum WARUM? Denn die Ursehnsucht des Menschen nach Heil, nach Heilsein und gelingendem Leben wird durchbrochen. Störungen, Ungereimtheiten, Brüche und eben auch Katastrophen unterbrechen den Alltag, stellen in Frage, führen zu Unsicherheit – und zur Frage: WARUM?
Es wird klar, was Glaube meint, wenn Paulus schreibt: *Diesen Schatz tragen wir in zerbrechlichen Gefäßen; so wird deutlich, dass das Übermaß der Kraft von Gott und nicht von uns kommt.* (2 Korinther 4,7)
Mancher mag sich „ganz unten“ wieder finden.
Jedoch hier – beim *untersten Menschen* – erfährt er, dass Jesus dies Los mit ihm geteilt hat. Dass auch ER auf Golgotha sein WARUM? hinausschrie – und darin seine Solidarität und bedingungslose Liebe zeigte.
Das macht IHN für Wiemer, das macht IHN für mich glaubwürdig. Und darum kann ich – darum will ich *auch die andern Worte,*
die von weiter oben,
vielleicht
ihm glauben.

Conrad Ferdinand Meyer, Der römische Brunnen

Wer die Ewige Stadt, wer Rom besucht – der findet natürlich auch seinen Weg zum Vatikan. Immer wieder, wenn ich dort weilte und über das weite Oval des Platzes vor der imposanten Front auf den Petersdom zuschritt, fesselte mich der Blick auf den „Römischen Brunnen“. Und immer erinnerte er mich an frühere Jahre in der Schule, an Deutschunterricht und die Besprechung des Gedichtes von Conrad Ferdinand Meyer (Schweizer Dichter * 11. Oktober 1825 in Zürich; † 28. November 1898 in Kilchberg / Zürich) mit obigem Titel:

Aufsteigt der Strahl und fallend gießt
Er voll der Marmorschale Rund,
Die, sich verschleiernd, überfließt
In einer zweiten Schale Grund;
Die zweite gibt, sie wird zu reich,
Der dritten wallend ihre Flut,
Und jede nimmt und gibt zugleich
Und strömt und ruht.

Allein schon die Sprache faszinierte mich – dazu das Bild des Springbrunnens – und darin seine Symbolkraft!

Ich entdecke darin eine tiefe Aussage über uns Menschen. Denn Menschenleben verwirklicht sich allein in Gemeinschaft, es lebt davon, dass ein jeder *nimmt und gibt zugleich!*

Gewiss, am Anfang steht das Geschenk. Mir ist das Leben gegeben, ich darf, ja ich muss es annehmen. Erst indem ich es akzeptiere, es in seinen Grenzen und Möglichkeiten annehme, kann ich mich verwirklichen. Aber dies geschieht weithin im Sozialverbund, in Kommunikation, in Gemeinschaft. Martin Buber kann daher sagen: *„Du sagend, werde ich ICH!“*

Darin verwirklicht sich nochmals ein Weiteres: nämlich Geschichte. Immer sind wir als Einzelne auch Glied einer Kette in der Menschheit. Menschliche Gemeinschaft und Gemeinschaften von Menschen werden möglich, indem ihre Mitglieder erfahren: der Einzelne unter ihnen *nimmt und gibt zugleich!* Aber es ist so eine Sache mit dem Nehmen und Geben. Jeremias Gotthelf, der Schweizer Schriftsteller, stellt lapidar fest: *Geben und Nehmen lernen – beides ist gleich schwer.*

Und doch leben wir als Christen immer auch mit der Erfahrung vieler guter Beispiele von Menschen, die vor uns und für uns aus dem Geist Christi gelebt haben.

Als der Apostel Paulus sich von den Ältesten der Gemeinde in Milet mit einer großen, sein Leben und sein Bemühen zusammenfassenden Rede verabschiedet, merkt er an: *In allem habe ich euch gezeigt, dass man sich auf diese Weise abmühen und sich der Schwachen annehmen soll, in Erinnerung an die Worte Jesu, des Herrn, der selbst gesagt hat: Geben ist seliger als nehmen.* (Apg 20,35)

So will ich am Ende dankbar – im Blick auf den Römischen Brunnen – festhalten, dass jede Gemeinschaft davon lebt, dass sie *nimmt und gibt zugleich.*

Doch Jesu Maxime mag denn auch meine werden und mich immer neu ermutigen: *Geben ist seliger als nehmen.*

Kurt Marti, der rat der rose

Mit nichts ist man so freigebig wie mit seinen Ratschlägen. Francois La Rochefoucauld (*15.9.1613 Paris, + 17.3.1680 ebd.) hat dies einmal festgestellt.

Mir fällt jedoch auch der Ausspruch ein – vor Jahren gehört und mir gemerkt: *Ratschläge sind auch Schläge!*

Was aber habe ich dann zu erwarten, wenn Kurt Marti (reformierter Schweizer Dichter-Pfarrer; * 31. 01. 1921 in Bern) sein Gedicht betitelt: *der rat der rose* ?

Der Theologe und Schriftsteller gliedert sein Gedicht in zwei Teile. Er fragt und rät.

Er fragt nach dem Glauben: *I*

glaube? ein rosenwildling
das licht eines lächelns:
flüchtig ach ja
man baut
kein bollwerk damit

Offensichtlich erweist ihm sein Glaube beides: durchaus Hilfsreiches:

das licht eines lächelns.

Glaube, der mein Leben erleuchten kann.

Aber mit ihm gegen die Anfechtungen des Lebens, die wahren Herausforderungen Bollwerke zu bauen? Nein, dafür ist er wohl zu flüchtig.

Welcher Rat ist dann teuer? Er – die Rose – rät:

II

bleib aufrecht
rät die rose
zeig dornen
sei stolz

beuge dich nur
der liebe

Mich fasziniert dieser „Rat der Rose“.

Die Rose – ist sie nicht das Symbol der Liebe?

Ja – und sie rät: *bleib aufrecht.*

Beug dich nicht einfach dem, was dich klein machen, was dich beugen will. Bleib widerständig, sag nicht zu allem „Ja und Amen!“, sondern *zeig dornen.*

Das ist unbequem, das grenzt dich manchmal auch aus und macht es schwierig in der Gemeinschaft. Jedoch: *sei stolz,* denn du bist wer, du brauchst dir nicht alles bieten lassen!

Ist das nicht überheblich? Woher rührt diese Gewissheit, dieser Rat?

Kurt Marti – er ist ja der Rat Gebende! – sagt am Ende:

beuge dich nur der liebe.

Warum?

Hier verstehe ich ihn so, dass dies mit seinem Gottesbild zu tun hat.

Im 1. Johannes-Brief lesen wir: *Wir haben die Liebe, die Gott zu uns hat, erkannt und gläubig angenommen. Gott ist die Liebe, und wer in der Liebe bleibt, bleibt in Gott und Gott bleibt in ihm.* (1 Joh 4,16)

Wer wollte sich aber Gott nicht beugen?!

Mit IHM baue ich auch Bollwerke!

Renate Morawietz, Wendungen

Wie oft habe ich schon erlebt und erfahren: Da stirbt ein älterer Mensch in einer Familie, Großmutter, Großvater, Tante. Und zeitnah, kurz danach wird in derselben Familie ein Kind geboren!

Das Leben kommt – das Leben geht. Menschen werden geboren – und sterben.

George Bernhard Shaw, der lebenskluge Schauspieler (*26.7.1856 Dublin, + 2.11.1950 Ayot Saint Lawrence, England), stellt im Blick auf diese Erfahrung fest: *„Leben ist eine Flamme, die sich selbst verzehrt; aber sie fängt jedes Mal wieder Feuer, wenn ein Kind geboren wird."*

Jedes Menschenleben ist angesiedelt – eingespannt – zwischen Geburt und Tod. Und jedes Menschen Leben ist ein Eigenes, sein Eigenes. Jeder muss zusehen, was er daraus macht, wie er es gestaltet. Es gibt keine zwei gleichen. – Was aber ist das Verbindende, das uns Menschen in einem Leben Aufgegebene, Gleiche? Mir scheint: Die Frage nach Sinn, nach Hoffnung, nach Zukunft.

Renate Morawietz (* 1951 in Sachsen) hat das in einem kurzen Gedicht so auf den Punkt gebracht:

Wendungen

Ich bin gekommen
Ich werde gehen

und dazwischen?
leben

und danach?
leben

nur anders

Fast lapidar klingt ihre Feststellung. Vergangenheit - Gegenwart - Zukunft.

Ich war – ich bin – ich werde sein.

Wendungen des Lebens. – *und dazwischen?*

Dazwischen siedelt sie lapidar an: *leben.*

Das kann gewiss „das Leben“ meinen. Ein Menschenleben. Kurz oder lang. Gelungen – fehlgeschlagen. Erfolgreich – ein Reinfall. In Einsamkeit – randvoll mit Begegnungen.

Hier will die Dichterin uns wohl auch sagen:

dazwischen? *leben*

Zwischen Geburt und Tod – gilt es zu *„leben“*!

Nicht, gelebt zu werden, sondern selber zu leben! Aus dem Geschenkten, dem Möglichen, den Chancen etwas zu machen.

Und dann die überraschende Wendung: Nicht leben in Selbstgenügsamkeit – sondern mit einer Hoffnung. Denn, so ist sie sich sicher: Es gibt ein *danach*!

Auch im Danach gibt es Leben, wird sie leben!

Aber wie? Hier bleibt sie bei ihrer Sicherheit: Ja, sie wird leben! Und kann ehrlich nur sagen: Ja, *leben, nur anders!* Solche Aussage drückt Christenglaube aus – und sucht nach Worten und Bildern. Die Bibel weiß vom ewigen Leben, von der kommenden Welt, vom Gastmahl des ewigen Lebens.

Renate Morawietz bleibt bescheidener. Sie ist sich sicher, es gibt ein Danach, ein Leben danach – nur anders.

Das Johannes-Evangelium lässt Jesus sprechen: *Ich bin die Auferstehung und das Leben. Wer an mich glaubt, wird leben, auch wenn er stirbt.* (Joh 11,25)

Wer so glauben kann – hat gut leben!

Lothar Zenetti, Am Ende die Rechnung

So mancher muss heute ganz schön rechnen. Muss überlegen, wie er klar kommt, dass es am Monatsende noch reicht. Gewiss, andere haben es da leichter. Da zeigen sich jedoch auch schon mal Mentalitäten. Der Dichter Albrecht Goes (22. März 1908 in Langenbeutingen; † 23. Februar 2000 in Stuttgart-Rohr) hat eine benannt: *Wer im Leben nur rechnet, kommt nie auf seine Rechnung.* Das gibt mir das Stichwort. Seit ich es kenne, habe ich Freude an folgendem Gedicht von Lothar Zenetti (* 6.2.1926 in Frankfurt / M.).

Am Ende die Rechnung

Einmal wird uns gewiss
die Rechnung präsentiert

für den Sonnenschein
und das Rauschen der Blätter,
die sanften Maiglöckchen
und die dunklen Tannen,
für den Schnee und den Wind,
den Vogelflug und das Gras
und die Schmetterlinge,
für die Luft,
die wir geatmet haben,
und den Blick auf die Sterne
und für alle die Tage,
die Abende und die Nächte.

Einmal wird es Zeit,
dass wir aufbrechen und
bezahlen.
Bitte die Rechnung.
Doch wir haben sie
ohne den Wirt gemacht:
Ich habe euch eingeladen,
sagt der und lacht,
soweit die Erde reicht:
Es war mir ein
Vergnügen!

So viele Selbstverständlichkeiten kennt mein Leben, mein Alltag. Tag für Tag, lebenslang genutzt, erfahren, genossen, Gottes gute Schöpfung, die Natur mit ihren

tausend Schönheiten und Geschenken. Die wundervollen Tage, die ich erleben durfte inmitten der Natur, in der Erhabenheit von Zeit und Welt.
Da ist es gut, sich gelegentlich dessen bewusst zu werden. Der Psalmbeter weiß auch darum. Vielfältig stimmt er das Loblied auf den Schöpfergott an, dankt ihm für seine Gaben. Zusammen mit der gesamten Schöpfung preist er Gott, den Schöpfer allen Seins. So etwa im Psalm 104, wenn er betet und jubelt:

Du lässt die Quellen hervorsprudeln in den Tälern, /
sie eilen zwischen den Bergen dahin.
Allen Tieren des Feldes spenden sie Trank, /
die Wildesel stillen ihren Durst daraus.
An den Ufern wohnen die Vögel des Himmels, /
aus den Zweigen erklingt ihr Gesang.
Du lässt Gras wachsen für das Vieh, /
auch Pflanzen für den Menschen, die er
anbaut, damit er Brot gewinnt von der Erde /
und Wein, der das Herz des Menschen erfreut,
damit sein Gesicht von Öl erglänzt /
und Brot das Menschenherz stärkt.

Ja, es gibt Grund genug zu danken – dem Schöpfer zu danken.
Lothar Zenetti, der Frankfurter Pfarrer, weiß darum. Er benennt es. Und er weiß und glaubt: Es ist unbezahlbar.
Bäten wir den Schöpfer: *Bitte die Rechnung.* – lachte dieser uns an – ganz breit: *soweit die Erde reicht:* und teilte uns mit: *Es war mir ein Vergnügen!*
Gott sei Dank!

Hans Magnus Enzensberger, First Things First

Fern-Sehen bestimmt unsere Welt. Ereignisse auf der anderen Seite der Erde: abends sehen wir sie im Guckkasten! Das Ferne – so nahe!
Aber dann: Der Schnupfen – das Zahnweh – die Nöte der Tochter in der Schule – vieles mehr: das so nahe Liegende: es dominiert und beschäftigt mich.
Dem ist Hans Magnus Enzensberger (* 11. 11. 1929 in Kaufbeuren) in seinem Gedicht ***First Things First*** nachgegangen.
Lapidar stellt er fest:

Grundsätzlich haben wir nicht viel einzuwenden
gegen Fegefeuer, Reinkarnation, Paradies.
Wenn es sein muß, bitte!

Nüchtern aber hält er dann fest:

Vorläufig allerdings
haben wir andere Prioritäten.

Und diese Prioritäten – all das, was im Alltag sich aufdrängt, sich wichtig macht, was ja auch wichtig ist – benennt er:

Um das Katzenklo, den Kontostand
und die unhaltbaren Zustände auf der Welt
müssen wir uns unbedingt kümmern,
ganz abgesehen vom Internet
und von den Wasserstandsmeldungen.

Manchmal wissen wir nicht mehr,
wo uns der Kopf steht
vor lauter Problemen.
Immerzu stirbt jemand,
dauernd wird jemand geboren.

Da kommt man gar nicht richtig dazu,

sich Gedanken zu machen

über die eigene Unsterblichkeit.

Fast bedauernd stellt er am Ende fest:

Erst einmal ein rascher Blick

in den Terminkalender,

dann sehen wir weiter.

Nein, die Unsterblichkeit und manches Grundlegende und auch: ER, GOTT, sind nicht vergessen. Am Ende kommt wohl auch ER in den Blick.

Aber stimmt nicht dann die Losung: *Wer glaubt, sieht weiter!* ?

Ja, der Alltag, gewiss, er ist aufdringlich, er muss erledigt werden. Doch manchmal scheint durch ihn hindurch die andere Wirklichkeit, Gottes Wirklichkeit, wird transparent, durchscheinend.

Am Ende (des Lebens, im Sterben, an Grenzen?) sehen wir weiter, *bei IHM.*

Aber stimmt dann nicht eben auch – schon jetzt: *Wer glaubt, sieht weiter!* ? Jetzt schon, mitten im Alltag. In all dem, was sich als so ungeheuer wichtig aufdrängt, aufgeblasen daherkommt?

Darin liegt die Chance, die mein Glaube mir bietet: Schon jetzt auch *über die eigene Unsterblichkeit,* über meine Endlichkeit und die Hoffnung danach, über meine Verantwortung hier und jetzt nachzudenken. Und mir von Paulus sagen zu lassen: *Die Hoffnung aber lässt nicht zugrunde gehen; denn die Liebe Gottes ist ausgegossen in unsere Herzen durch den Heiligen Geist, der uns gegeben ist.* (Römer 5,5)

Rose Ausländer, Dornen

Ein winziger Dorn im Finger – welch eine Behinderung, ein Ärgernis!

Dem Ziel über einen dornigen Weg zustreben müssen – wie unangenehm!

Nein, wir wünschen uns das Angenehme, wir sehnen uns nach Schönem und Gutem.

Immer aber hält das Leben beides für uns bereit.

Beides! Ist da nicht der Rosenzweig, der Rosenstrauch ein treffliches Beispiel, ein Symbol? Rosen – und Dornen!

Rose Ausländer, die jüdische Dichterin (* 11.05.1901 in Czernowitz; † 03.01. 1988 in Düsseldorf), stößt uns darauf in ihrem Gedicht: ***Dornen.***

Wir haben Rosen
gepflanzt
es wurden Dornen

Der Gärtner
tröstet uns
die Rosen schlafen
man muss auch
seine
Dornenzeit lieben

Welch eine Herausforderung!

Lebenserfahrungen stecken in diesen wenigen Worten.

- *Wir haben Rosen gepflanzt* – die gute Absicht, der Plan, die Tat, unser Streben nach Schönem, Guten …

- *es wurden Dornen* – die Enttäuschungen im Leben, Unangenehmes, Widerständiges, Schmerzvolles …

- *Der Gärtner* – ein Wissender, der Fachmann, der Erfahrene – spricht am Ende in ihm Gott zu uns?

- *Der Gärtner tröstet uns* – wohl dem, der einen Tröster hat! So dringlich brauchen wir ihn immer wieder. Ihn, der den Durchblick hat; der weiter sieht; der Hintergründe kennt. Der um das Verborgene weiß …

Die Bibel weiß vom Trostergeist, vom Tröstergott.

- *die Rosen schlafen* – welch wunderschöne, tröstliche Feststellung! Welches Lebenswissen! Im dornigen Alltag nicht vergessen zu haben: Es gibt die Rosen! Sie werden sich zeigen. Noch sind sie verborgen – sie schlafen. Darin drückt sich Hoffnung aus, Zuversicht, Kraft!

- *man muss auch seine Dornenzeit lieben* – Die Dichterin springt vom Symbol zum Menschen: die Dornenzeit – nicht der Rosen, sondern des Menschen! Ja, Lebensweisheit lehrt das. Auch meinen Schatten annehmen, ihn lieben. Meine – und der anderen! Ecken und Kanten akzeptieren. Mich lieben, so wie ich (geworden) bin – weil Gott es auch tut!

Die *Dornenzeit lieben* – in der Dornenzeit lieben – und darauf vertrauen: die Rosen schlafen – sie werden erwachen – sie werden mich erfreuen! Auch wenn sie ihre Dornen behalten!

Beides – Rosen und Dornen.

Wie im Gleichnis Jesu: guter Weizen und Unkraut (Mt 13, 24-30).

Beides annehmen – lieben – wachsen lassen.

Am Ende wirkt Gott Gutes!

Unter Unkraut. Mit Dornen.

Kurt Marti, ihr fragt

Auch wenn es weithin vergessen ist – auch inmitten der Christengemeinde: DIE Kernbotschaft unseres Christenglaubens ist die Mitteilung: „Er ist von den Toten auferstanden." (Mt 28,7) Daraus resultiert unsere Hoffnung, die auch durchträgt durch Todessituationen! Nach dieser Hoffnung werden wir gefragt (siehe 1 Petr 3,15)! Von daher ist es nicht verwunderlich, dass der reformierte Schweizer Dichter-Pfarrer Kurt Marti (* 31. 01. 1921 in Bern) in seinem Gedicht **ihr fragt!** darauf eingeht:

ihr fragt
wie ist
die auferstehung der toten?

ich weiß es nicht

ihr fragt
wann ist
die auferstehung der toten?

ich weiß es nicht

ihr fragt
gibts
eine auferstehung der toten?

ich weiß nicht

ich weiß
nur
wonach ihr nicht fragt:

die auferstehung derer die leben

ich weiß
nur

wozu Er uns ruft:

zur auferstehung heute und jetzt

DIE christliche Kernbotschaft – und darauf, wiederholt: Ich weiß (es) nicht!

Wie passt das zusammen?

Ich stelle mir den Dialog vor: Die – zuversichtlichen? – Frager wenden sich an den Fachmann, den Pastor, gehen von der „Tatsache Auferstehung" aus. Aber: Wie ist sie – und wann? – Die Antwort: ein entschiedenes Nichtwissen!

Verunsichert fragen sie weiter: *Gibt's* (denn überhaupt) *eine Auferstehung?* – Und wieder: ein zögerliches, wohl nachdenkliches: *Ich weiß nicht!*

Doch dann dreht sich das Blatt. Er meldet ihnen zurück, wonach sie nicht fragen. Dass ihr Fragen wohl einem eingeschränkten Fragehorizont folgt.

Sie sollen doch nicht die Gegenwart überspringen und nur die Zukunft – das Danach – im Blick haben. Es geht doch zuerst um das Los und Leben *„derer, die leben"*! Hier und jetzt gilt es den Glauben zu leben; *„heute und jetzt"* muss sich Christsein bewähren – und darin auch die *Erfahrung* möglich sein, dass ER, der Herr über Tod und Leben, uns hier und jetzt – mitten im Alltag, am Ort der Bewährung unseres Christenglaubens – zur Auferstehung ruft!

Ein Wort des französischen Dichters Paul Claudel (* 6. 8. 1868 in Villeneuve-sur-Fère; † 23. 2. 1955 in Paris) mag das unterstreichen: *„Unsere Auferstehung liegt nicht ganz und gar in der Zukunft, sie ist auch in uns, sie beginnt, sie hat schon begonnen."* Und was ist der Weg, auf dem dies verwirklicht wird? Die Antwort gibt mir der Philosoph Ludwig Wittgenstein (* 26. 4. 1889 in Wien; † 29 4. 1951 in Cambridge), der meint: *„Man kann vielleicht sagen: Nur die Liebe kann die Auferstehung glauben."*

Diese Liebe, die glaubt, vertraut, die hier und jetzt gelebt wird – ist das Seil, das mich hinüberzieht zum Gott des Lebens, zum Gott der Liebe. ER will mich – so vertraue ich – auf ewig mit seiner Liebe umfangen, mich zur Auferstehung führen – die hier und jetzt beginnt!

Rudolf Otto Wiemer, Hör dir das an

Wie oft machen wir im Alltag diese Erfahrung! Da wollen wir in Ruhe arbeiten, mal ungestört sein – und schon stürmen die Kinder herein. Oder ein Bekannter sucht Rat oder Hilfe.

Oder auch sonst im Leben. Alles haben wir geregelt, auf die Reihe gebracht: Beruf, Familie, Freundschaften, Urlaub …

Und dann überfällt uns plötzlich ein Ereignis, das alles infrage stellt.

Rudolf Otto Wiemer (* 24.03.1905 Friedrichroda; † 05.06.1998 Göttingen) muss dies vor Augen gehabt haben, als er sein Gedicht *Hör dir das an* schrieb. Und dabei sich gleich an den Herrgott wandte:

Hör dir das an, Gott, ich will heute
mit dem Auto unterwegs sein, morgen
schließ ich den Kaufvertrag ab, das
neue Haus wird in zehn Monaten
stehn, dann ziehen wir ein, machen das
dritte Kind, schicken das erste zur
Schule, das Geschäft wird vergrößert, den
Kompagnon schmeiße ich raus, kaufe das
restliche Aktienpaket, übernehme den
Vorsitz in der Waschmittelgesellschaft,
wechsle die Freundin, der Bungalow im
Tessin ist fällig, die Gören springen
mir von der Tasche, die Frau hat eine
Operation, ich bin Generaldirektor,
vielleicht Prostata, gut, wird repariert,
man ist sechzig, Konzern gesund, rapide
wächst das Grundkapital, glänzende
Aussichten für die nächsten zehn Jahre,

was sag ich, für zwanzig - hör dir das an,

Gott, und komme mir nicht dazwischen.

Glänzende Aussichten – die Planung steht. Alles wohlgeordnet, gut überlegt. Alle ziehen mit an diesem Strang – Frau, Kinder, Freundin, Arbeitsumfeld.

Könnte es aber sein, dass … ?

Da gibt es doch Beispiele. Im Bekanntenkreis. Oder auch in der Bibel. Wie lief die Geschichte noch, die er vor kurzem im Gottesdienst hörte?

Da kam ein Gedanke vor wie: *Der Sinn des Lebens besteht nicht darin, dass ein Mensch aufgrund seines großen Vermögens im Überfluss lebt. (vgl. Lk 12, 13-21)*

Und die Geschichte, die Jesus erzählt hat – doch, die hatte ihn nachdenklich heimgehen lassen:

Auf den Feldern eines reichen Mannes eine gute Ernte – wo unterbringen - meine Scheunen abreißen und größere bauen - einen großen Vorrat - Ruh dich aus, iss und trink und freu dich des Lebens!

Und genau da war die Stelle, die ihn heute – im Blick auf sein eigenes Leben – sagen lässt: *Hör dir das an, Gott, und komme mir nicht dazwischen.*

Denn in der Bibel kommt ER dem Mann dazwischen: *Du Narr! Noch in dieser Nacht wird man dein Leben von dir zurückfordern. Wem wird dann all das gehören, was du angehäuft hast?*

Aber was soll er denn machen? Ist denn nicht nötig und gut, vorzusorgen, zu planen? Ja, doch. Richtig.

Aber Jesus kommt es offensichtlich darauf an, dass wir „den Himmel offen halten“, also auch mit Gott rechnen. Damit der Mensch nicht *nur für sich selbst Schätze sammelt, aber vor Gott nicht reich ist.*

Und Martin Luther weiß, dass ich vor Gott reich werden kann über den Nächsten.

Denn – so sagt er: *Wer an seinem Nächsten vorüber geht, der geht auch an Gott vorüber.*

Rose Ausländer, Das Wort

Wie viele Wörter mögen wohl Tag für Tag von sieben Milliarden Menschen gesprochen, wie viele geschrieben werden? Nie werden wir es wissen. Und wie oft werden Worte gut tun, ermutigen, versöhnen, Liebe ausdrücken?! – Aber auch: Wie oft werden Worte verletzten, Misstrauen säen, lügen…
So offensichtlich ist: Zum Menschenleben gehört das Wort, gehört die Sprache. Sie ist die vorzüglichste Form der Kommunikation.
Ist es verwunderlich, dass das Geheimnis der Menschwerdung Gottes in Jesus von Nazareth zu Beginn des Johannesevangeliums mit diesem tiefsinnig-geheimnisvollen Satz beginnt: **Im Anfang war das Wort!** ?
Gewiss verwunderlich aber ist, dass die jüdische Dichterin Rose Ausländer (* 11. 05. 1901 in Czernowitz; † 03. 01. 1988 in Düsseldorf) in ihrem Gedicht **Das Wort** eben diesen Prolog zitiert:

„Am Anfang
war das Wort
und das Wort
war bei Gott."

Und Gott gab uns
Das Wort
Und wir wohnen
Im Wort

Und das Wort ist
Unser Traum
Und der Traum ist
Unser Leben

Wir müssen wohl vermuten, dass dies Gedicht zuallererst eine Besinnung auf die Bedeutung des Wortes, der Sprache für uns Menschen ist. Sie als Dichterin muss gespürt haben, wie wichtig das Wort ist, das Gott uns gab. Ja, dass wir darin wohnen, zuhause sind in unserer (Mutter!-) Sprache, durch Sprache / Kommunikation erst zu Menschen werden. Und im Wort drücken wir unsere Träume, unsere Sehnsüchte aus, die Leben – auf Zukunft hin – eröffnen!

Dürfen wir aber nicht auch vermuten, dass der Jüdin die christliche Rede vom Mensch gewordenen Wort Gottes vertraut war? Und so ist mir dies Gedicht eine – christliche – Glaubensaussage!

Ich lese es dann so:

Am Anfang – im Uranfang – war Gottes wirkmächtiges Schöpferwort: *„Gott sprach – und es ward!“. (Genesis 1)* Dieser Schöpfergott, der im Menschen auch sein „Bild“ schuf, teilt sich ihm mit, ist ihm nahe in Jesus aus Nazareth, in Seinem Geist. In Seinem Wort „spricht er sich aus“, schafft er Schöpfung und Heil: *„Alles ist durch das Wort geworden.“ (Joh 1,3)*

Dies Wort – Christus – gab er uns, in IHM offenbarte er sich, stieg er herab, wurde Mensch, begegnet uns auf Augenhöhe! Und wo wir uns auf IHN einlassen, IHM vertrauen, in seinem Geist zu leben suchen, geschieht Geheimnisvolles: *Und wir wohnen Im Wort.*

Der Apostel Paulus drückt das so aus: *Nicht mehr ich lebe, sondern Christus lebt in mir. (Gal 2,20)* Und er mahnt: *Ihr habt Christus Jesus als Herrn angenommen. Darum lebt auch in ihm!* (Kol 2,6) Ihm – auf immer – verbunden sein: Das drückt Sehnsucht und Hoffnung aus, denn *das Wort ist Unser Traum!* Und ER schenkt Leben – hier schon – und Fülle des Lebens auf immer: *Und der Traum ist Unser Leben.* Denn seinem Wort darf ich vertrauen: *Ich bin der Weg und die Wahrheit und das Leben; niemand kommt zum Vater außer durch mich.* (Joh 14,6)

Erstaunlich. Was mir ***Das Wort*** alles sagen kann!

Das Wort – unter Milliarden.

Christine Busta, Der Wanderer

In den Tagen, in denen ich Gedanken zum nachfolgenden Gedicht zu sammeln suche, lese ich immer wieder – tief erschüttert - in dem Buch *Wir lassen sie verhungern – Die Massenvernichtung in der dritten Welt* (Jean Ziegler, C. Bertelsmann Verlag, München 2012).
Auch Christine Busta (* 23. 4. 1915 in Wien; † 3.12.1987 in Wien) hat Not und Hunger in jungen Jahren leidvoll kennengelernt und erlebt. Viele ihrer Gedichte sprechen diese Erfahrung an, so auch nachfolgendes: *Der Wanderer.*

Der Apfel ist nicht mein,
der Brunnen nicht vorm Haus,
noch Blume, Kind und Stein.
Ich geh nur ein und aus
mit brüderlichem Wind
in Dorf und Feld und Wald,
und alle Dinge sind
so heilig und uralt.

Mit Regen, Tau und Schnee
fällt Stern und Jahr vorbei
voll Falter, Korn und Reh
ins Lied, dran ich mich freu.
Ich schau die Sonne an:
0 Armut, die nicht kränkt!
0, dass ich atmen kann!
Wer hat mich so beschenkt?

Der Wanderer – die Wanderin Christine Busta? – erlebt auf seiner Wanderung die

Natur und ihre Gaben, den Reichtum des Lebens, der Welt. Aber genau darin erlebt er auch seinen Mangel: *nicht mein – nicht vorm Haus – nur.* Und doch ist auch ein Ahnen in ihm, dass all diese Gaben heilig sind und immer schon: *uralt.*

Erstaunliches aber geschieht in ihm, bei ihm: Bei allem Mangel, bei allem, was er nicht hat, fallen all die Gaben *„ins Lied, dran ich mich freu"!*

Das Sprichwort weiß: *„Wes das Herz voll ist, dem fließt der Mund über."*

Bei allem Mangel – er weiß sich beschenkt!

Er weiß um seine Armut – und doch kränkt sie ihn nicht.

Was er erlebt, was er schaut und kann – *0, dass ich atmen kann!* – macht ihn reich, beschenkt ihn.

Am Schluss aber die erstaunte Frage: *Wer hat mich so beschenkt?*

Wir dürfen vermuten, dass Christine Busta an anderer Stelle die Antwort gibt: Sie weiß sich von Gott beschenkt. Bei aller Bedrängnis in ihrem Leben war und blieb sie eine gläubige – suchende, fragende – Frau, eine Christin, die die Heilige Schrift der Christen, die Bibel, gut kannte.

Und wir? Mögen wir uns erinnern an Jesu Rede? An seine Feldrede bei Lukas, die bei Matthäus Bergpredigt heißt? *Selig, ihr Armen, denn euch gehört das Reich Gottes. Selig, die ihr jetzt hungert, denn ihr werdet satt werden.* (Lukas 6, 20 f.)

Das kann ich „fromm" lesen: Vertrau in allem – auch in Not – auf Gott! ER wird dich belohnen!

Andere mögen es als Provokation lesen: Das ist Vertröstung pur – auf den Sanktnimmerleinstag – auf das Jenseits! Lehnt euch auf! Protestiert!

Aber wir könnten – sollten! – es vielleicht doch noch anders lesen:

Wenn du dich beschenkt weißt – sei dankbar und bleib es! Erinnere dich an den, der dich beschenkt hat!

Und lass dich immer neu herausfordern, selber auch Schenkender zu sein – tu Gutes – schenk Freude! Und – soweit du kannst – ändere die Situationen, die Not herbeiführen! Hier und überall auf Gottes guter Erde!

Christa Peikert-Flaspöhler, Heute

Für jetzt bleiben Glaube, Hoffnung, Liebe, diese drei; doch am größten unter ihnen ist die Liebe. (1 Korinther 13,13)

Tausendmal zitiert! Welcher Christ kennt nicht diesen Abschluss des Hohen Liedes der Liebe, das der Apostel Paulus verfasst hat?!

Liebe – definieren lässt sie sich nicht.

Höchstens in Beispielen beschreiben.

Ist das mit der Nächstenliebe anders? – Kaum.

Die in Osnabrück lebende Lyrikerin Christa Peikert-Flaspöhler (1927 in Schlesien geboren) hat in ihrem Text (Gedicht?) ***Heute*** offenbar genau hingesehen. Alltagssituationen sind es, die die Bedürfnisse und Sehnsüchte von Menschen ausdrücken.

In trauernde Augen
ein Lächeln pflanzen,
dem Quell guter Worte
Durchlass schaffen,
vor tastenden Füßen
Steine entfernen,
Geängstigte
über Brücken geleiten,
in die Furchen des Tages
Hoffnung säen,
mit dem Hungernden
das Feld bestellen,
der Frau
die geöffnete Hand
hinhalten.

So leicht sind sie zu übersehen, vom Alltagsgeschäft und – getriebe zugedeckt, unerkannt. Und so bringt das „Übersehene“ immer neu Enttäuschung und Frust, manchmal Verzweiflung hervor!
Dabei ist das Heute Tag für Tag für uns alle immer neu eine Herausforderung.
Die Herausforderung, weil hier der Ort der Bewährung liegt!
Nächstenliebe als das Wichtigste (im Christenleben) zu deklarieren – das ist leicht getan. Aber die Sensibilität zu entwickeln, die trauernden Augen zu sehen, das gute Wort zu finden, die hindernden Steine nicht zu übersehen sondern zu entfernen, das geängstete Herz und die Hoffnungslosigkeit wahrzunehmen, dem Hunger (wonach nur?) entgegenwirken – all das sind Beispiele. Beispiele, die sich auf tausend Situationen des Alltags ausdehnen und vermehren lassen.
Jesus hat mit seinem Beispiel vom barmherzigen Samariter (Lukas 10,25-37) uns geradezu eine klassische Erzählung geschenkt, wozu Nächstenliebe uns herausfordert.
Der Gesetzeslehrer hatte Jesus ursprünglich gefragt, was nötig sei, um das ewige Leben zu erlangen, wie er in den Himmel kommen könne. Er wusste auf die Gegenfrage Jesu richtig zu antworten: *Gott und den Nächsten zu lieben wie sich selbst* – das mache uns frei vom Kreisen um uns selbst. Aber er wollte seine Frage rechtfertigen und fragte nach: *Und wer ist mein Nächster?*
Am Ende wird jeder von uns seinen Nächsten an seinen eigenen Lebenswegen sehen und entdecken müssen. Definieren lässt sich Nächstenliebe nicht.
Auch nicht gegen Gottesliebe aufwiegen – oder umgekehrt.
Das lehrt mich das Wort des bedeutenden Theologen des Mittelalters *Albert der Große* (* um 1200 in Lauingen an der Donau; † 15. 11. 1280 in Köln), der vielleicht gelobt worden war im Hinblick auf den Dom in Köln, den er dort in seiner Zeit als Bischof zu bauen begann, als er sagte: *Wer seinem Nächsten zu Hilfe kommt in seinem Leid, sei es geistlich oder weltlich, dieser Mensch hat mehr getan als derjenige, der von Köln bis Rom bei jedem Meilenstein ein Münster errichtet.*

Rose Ausländer, Als wäre

Dass jemand mit einer solchen Lebensgeschichte wie Rose Ausländer mit großer Skepsis auf „den Menschen", auf ihre Mitmenschen blickt – wen wundert es? Aus Czernowitz in der Bukowina im damaligen Österreich-Ungarn stammt die 1901 geborene Lyrikerin. Die letzten Jahre verbringt die gebürtige Jüdin – nach wechselvollem Leben und Aufenthalten mal in Europa, mal in Amerika in Düsseldorf, wo sie am 3. Januar 1988 im jüdischen Altersheim stirbt.
Im Gedicht *Als wäre* hinterfragt sie skeptisch die manchmal vom Menschen leichthin geäußerte Deutung und Zuständigkeits-Zuweisung: *Gott.*

Gott
sagt der Mensch
als wäre er
ein Richter
säße im siebten Himmel
seine Aufgabe
Menschen zu verurteilen
oder zu belohnen

Dieser kleinliche Gott
vom Menschen erschaffen

Als wäre nicht
der Mensch
ein Pünktchen auf Erden
die Erde ein Pünktchen
im endlosen Raum
unter unendlichen Welten
die der Mensch

sich nicht einmal

vorstellen kann

Zwar mag bei ihr in Zeiten von Verfolgung durch Nazis oder Kommunisten und in anderen bedrängenden Lebensphasen die Frage nach Gott immer wieder hochgekommen sein – sie bewahrt sich gleichwohl auch den nüchternen Blick auf den Menschen und fragt: Wie darf er –

der Mensch

ein Pünktchen auf Erden

die Erde ein Pünktchen

im endlosen Raum

sich anmaßen, ein solch kleinliches Gottesbild sich zurechtzulegen – wo ihm doch immer auch seine Winzigkeit und Erbärmlichkeit vor Augen sein müsste?

Jedoch: Hat die Autorin nicht vielleicht auch den Vers aus dem Gebetbuch ihrer – hebräischen – Bibel, dem Buch der Psalmen, vor Augen: *Was ist der Mensch, dass du an ihn denkst, des Menschen Kind, dass du dich seiner annimmst? (Psalm 8,5)* ?

Der Realitätssinn eines glaubenden Menschen verrät ihm immer neu die Vielfalt menschlicher Fähigkeiten und Möglichkeiten. Größe und Elend des Menschen scheinen dann auf. Unter den Großen – manche gehen sogar als solche in die Geschichte ein! – finden sich zweifelsohne Geniestreiche und Opferbereitschaft, Hingabe an Begabungen und Talente wie auch Großherzigkeit und Liebenswürdigkeit wie selbstlose Liebe. In all dem verweist der Mensch – das Geschöpf Gottes – auf den Geber alles Guten – und wird IHM danken!

Aber immer findet sich in der Menschheitsgeschichte auch sein Elend. Seine Kleinheit und Kleinlichkeit, seine Bosheit und die Fähigkeit zu hassen, seine Angst, zu kurz zu kommen, und die daraus resultierende Enge; seine Erbärmlichkeit – am Ende seine Todesverfallenheit. - Und dann gilt es, sich nicht ein Bild von *diesem kleinlichen Gott* zu schaffen, sondern darauf zu vertrauen, dass Gott groß ist, dass Seine Größe ihm am Ende aufscheint – in des Menschen Liebe-Bedürftigkeit!

Hans Magnus Enzensberger, Immer kleiner werdende Unterhaltung

Der weithin bekannte deutsche Dichter und Schriftsteller Hans Magnus Enzensberger (* 11.11.1929 in Kaufbeuren) ist ein kritischer Zeitgenosse. Zeitlebens hat ihn das geprägt und gekennzeichnet. Er schaut hin, hört hin – genauer wohl als mancher von uns!

Und so nimmt er in einer *Immer kleiner werdenden Unterhaltung* wahr:

„Wohl dem, der nicht wandelt
im Rat der Gottlosen...“
Man wechselt taktvoll das Thema.

„Der Sinn des Lebens...“
Peinlicher Ausrutscher!

„Alle Verhältnisse gilt es umzuwerfen,
in denen der Mensch
ein erniedrigtes Wesen ist...“
Alles gähnt, geniert sich, lacht.

Dagegen Genome nach Maß,
Unsterblichkeit auf der Festplatte –
O Wissenschaft! Ecstasy! Euthanasie!

Manchmal ist man froh,
dass manche der Ewiggestrigen
unter den Jüngeren
noch ein paar Fragen haben.

Enzensberger bezeugt an anderer Stelle seinen suchenden, fragenden Glauben. Hier aber macht er deutlich, dass ihn Zeitgenossen nerven, die so schnell und manches Mal oberflächlich mit tiefer gehenden Themen fertig sind - *Alles gähnt, geniert sich, lacht. Man wechselt taktvoll das Thema.*

Die modernen und modischen Themen sind „in“:

Dagegen Genome nach Maß,
Unsterblichkeit auf der Festplatte –
O Wissenschaft! Ecstasy! Euthanasie!

Er ist dagegen froh, *dass manche der Ewiggestrigen*
unter den Jüngeren
noch ein paar Fragen haben.

Wie mag es ihm damit gehen? Welche Reaktionen hat er bei solcher Einstellung erfahren? In die Ecke gestellt? Mit leisem Lächeln abgetan? Als *Konservativer* verschrien und in bestimmten Kreisen nicht mehr ernst genommen?

Heutige Erfahrung lehrt, dass Schwarz-Weiß-Malerei verbreitet ist. Dass derjenige, der nicht im Common Sense mitschwimmt, bald „out“ ist und gemieden wird.

Christen haben diese Erfahrung eigentlich immer schon gemacht. Indem sie Kirche bildeten, wurde ihnen bald bewusst, was das griechische Wort ursprünglich bedeutete: **ekklesia** (altgr. Εκκλησία, „die Herausgerufene“, lat. *ecclesia*). Inmitten der großen Gemeinschaft des Volkes, der Völker erfuhren sie sich als die *Herausgerufenen,* als die – in die Nachfolge Christi – Berufenen. Sie lebten weiter inmitten der Vielen – und unterschieden sich doch. In einem Brief eines Unbekannten von Ende des 2. Jahrhunderts in Alexandrien an einen Empfänger Diognet lesen wir: *Sie gehorchen den bestehenden Gesetzen und überbieten durch ihre eigene Lebensweise die Gesetze. Sie lieben alle und werden von allen verfolgt. Sie werden verkannt und verurteilt, werden getötet, und dadurch gewinnen sie das Leben. Arm sind sie und machen doch viele reich; geschmäht werden sie und segnen; obwohl sie Gutes tun, werden sie wie Übeltäter bestraft. –*

Und wir?! –

Wir nennen uns Christen – sind Kirche. – *Herausgerufene?*

Jürgen Becker, Klar kommt …

Klar! Ist doch klar, oder? Noch Fragen? Alles paletti! –
Klar – meint auch Jürgen Becker (* 14. 9.1953 in Hagen; deutscher Schriftsteller) – *Klar kommt der Knochenmann.*
Aber ist es wirklich so klar? Ist für uns alle klar, dass *der Knochenmann, der Sense macht, so sicher wie der Klingelbeutel in der Kirche kommt?* In seinem kurzen Text fügt er gleich noch eine weitere „Klarheit" an:

> *Klar kommt der Knochenmann, der Sense macht,*
> *so sicher wie der Klingelbeutel in der Kirche*
> *kommt der, und genauso kommen wir*
> *dann alle ins Paradies … Bis dahin aber heißt es*
> *leben mit den künstlichen, den Einkaufsparadiesen.*

Alle kommen wir ins Paradies!
Mich erinnert das auch an den Karnevalsschlager der 50-er Jahre: *Wir kommen alle, alle in den Himmel – weil wir so brav sind!*
Das kann man sich ja auch gut einreden – und weiter in den Tag hinein leben. Gott einen guten alten Mann sein lassen.
Manch ein Zeitgenosse hat eh seine Bedenken. Alle in den Himmel? Egal, wie ich gelebt habe? Da haben nicht wenige ihre Bedenken. Und mühen sich und strengen sich an – und haben manchmal auch eine arge Angst – vor dem Himmel, vor Gott!
Diese Angst möchte ich jedenfalls nicht haben. Brauche ich wohl auch nicht zu haben. Ich vertraue da auf das Wort des Apostels Paulus: *Denn ihr habt nicht einen Geist empfangen, der euch zu Sklaven macht, so dass ihr euch immer noch fürchten müsstet, sondern ihr habt den Geist empfangen, der euch zu Söhnen (und Töchtern) macht, den Geist, in dem wir rufen: Abba, Vater!* (Röm 8,15) Wo wir uns also dem Wirken des Geistes Gottes aussetzen, öffnen, darum bitten – da wächst Vertrauen – überhaupt und in Gott, den Geber alles Guten.
Wenn ich so mein Leben deuten darf – dann gilt es sicher auch, darauf

„Antwort zu geben". Und die Antwort kann eigentlich nur sein: Ein Liebender werden – immer mehr. Dann aber erinnere ich mich gern an das Wort aus dem 1. Johannesbrief: *Furcht gibt es in der Liebe nicht, sondern die vollkommene Liebe vertreibt die Furcht. Denn die Furcht rechnet mit Strafe und wer sich fürchtet, dessen Liebe ist nicht vollendet.* (1 Joh 4,18)
Wie aber können wir – unter heutigen Bedingungen – *vollkommene Liebe* leben, verwirklichen?
Jürgen Becker scheint da auch seine Fragen zu haben. Angesichts der Klarheit, dass der Sensenmann kommt und dass wir alle ins Paradies kommen, bleibt ihm gleichwohl die Gewissheit: *Bis dahin aber heißt es leben mit den künstlichen, den Einkaufsparadiesen.*
Das lese ich als kritische Anfrage. Einkaufsparadiese sind heute gefragt. Es sind künstliche Welten. Und sie wollen uns vieles versprechen, verheißen, manche Bedürfnisse wecken und befriedigen, Wünsche erfüllen; auch Sehnsüchte … ?
Sehnsüchte umleiten? Ansprechen? Sehnsüchte – nach was?
Es spricht wohl Skepsis aus den Worten von Jürgen Becker. Denn meines Herzens Sehnsucht und Hoffen geht gewiss tiefer, als die Einkaufsparadiese sie stillen und erfüllen können. Sie aber gilt es auch lebendig zu erhalten, sich nicht einlullen und vertrösten zu lassen.
Beim Eurovision Song Contest 1982 sang die damals 17-jährige Sängerin Nicole ihren siegreichen Schlager, in dem es hieß:

Ein bisschen Frieden, ein bisschen Träumen
und dass die Menschen nicht so oft weinen.

Ich muss gestehen: Mir wär' das zu wenig!
Ein bisschen Frieden? Liebe? Leben?
Nein, ich wünsche mir Liebe und Leben in Fülle!
So wie Jesus es verheißen hat! (Joh 10,10) –
Für alle!

Jörg Jordan, venezianisches abendmahl

In dem von Jörg Jordan im Jahr 1988 veröffentlichten schmalen Bändchen mit dem Titel *Kleine Münze Zeit* findet sich auch das folgende Gedicht mit dem Titel *venezianisches abendmahl.* Das Internet verrät keinerlei biografische Informationen zur Person des Autors! Gleichwohl wird deutlich, dass er sich in der Bibel, im Neuen Testament der Christen, auskennt:

der galiläer war in die
stadt gekommen
in der trattoria
nahe san marco
wurde das brot gebrochen
und wein geschenkt
und nach dem essen
brachte der wirt einen grappa
und erzählte von emmaus
und nur in den vielen kirchen
der stadt wusste man nichts
davon

Auf wundersame Weise verbindet Jörg Jordan das Geschehen der Bibel mit einer Alltagssituation in einer Trattoria in Venedig.

Der Bibelkundige erinnert an die Begegnung des auferstandenen Jesus mit den beiden völlig frustrierten und traurigen Jüngern auf dem Weg von Jerusalem nach Emmaus. *der galiläer* öffnet den beiden unterwegs die Augen für das Geschehen in Jerusalem – seine Hinrichtung am Kreuz, die sie so verstört hat. Fast vorwurfsvoll hält er ihnen entgegen: *Begreift ihr denn nicht? Wie schwer fällt es euch, alles zu glauben, was die Propheten gesagt haben. Musste nicht der Messias all das erleiden, um so in seine Herrlichkeit zu gelangen? (Lk 24, 25-26).*

Und am Ende ihres gemeinsamen Weges, in Emmaus, gibt er sich ihnen beim

Brotbrechen zu erkennen. Lukas bemerkt: *Da gingen ihnen die Augen auf und sie erkannten ihn; dann sahen sie ihn nicht mehr.* (Lk 24, 31)

Sie sahen IHN nicht mehr! Haben wir IHN gesehen? In unserm Leben, im Alltag?

Bei Jörg Jordan geht die Geschichte weiter!

der galiläer war in die
stadt gekommen
in der trattoria
nahe san marco
wurde das brot gebrochen
und wein geschenkt

Die Geschichte des Galiläers findet ihre Fortsetzung!

Wie auch nicht?! – Ist denn für uns Christen die Bibel nicht mehr als ein Geschichtsbuch!? Allemal mehr als ein Geschichten-Buch!?

Wenn Jesus Christus auferstanden ist – dann gilt es noch heute, auch heute! Dann ist er auferstanden für dich, für mich. Dann bricht er auch heute das Brot, damit wir IHN erkennen. IHN erfahren als den Lebendigen. Dann geht mitten im Alltag, in unserm Alltag, SEINE Geschichte weiter. So wie bei Jörg Jordan:

und nach dem essen
brachte der wirt einen grappa
und erzählte von emmaus

Ach ja: indem wir – wie der Wirt – von Emmaus erzählen; von unserem Glauben, von unseren Erfahrungen in der Nachfolge Jesu. Indem wir Zeugnis ablegen – SEINE Zeugen sind!

Aber tragisch ist dann bei Jörg Jordan:

nur in den vielen kirchen
der stadt wusste man nichts
davon

Und bei uns? In unseren Kirchen? In unserer Nachbarschaft?

Manfred Haustein, Veni Sancte Spiritus

Erschreckend ist, wie geistlos Menschen reagieren können. Wie wohltuend dagegen, wenn wir feststellen: In dieser Familie / Gruppe / Klasse herrscht ein guter Geist! Kein Wunder, dass wir Menschen eine Sehnsucht danach verspüren und sie uns nicht verloren geht.

Wir Christen bringen solche Erfahrungen mit Gott in Verbindung, mit dem Dreifaltigen Gott, also mit Gottes Geist! Und das „Ursprungsereignis" dafür ist Pfingsten. Lukas, der neben seinem Evangelium auch die Apostelgeschichte schrieb, berichtet: *Es erschienen ihnen Zungen wie von Feuer, die sich verteilten; auf jeden von ihnen ließ sich eine nieder. Alle wurden mit dem Heiligen Geist erfüllt und begannen, in fremden Sprachen zu reden, wie es der Geist ihnen eingab. Alle gerieten außer sich und waren ratlos.* (Apg 2)

Das Sprachenwunder steht am Anfang der Kirchengeschichte – Verständigung – Gemeinschaft – geistreiche Zeit!

Lang, lang ist's her! Die Zeiten haben sich gewandelt – auch in der Kirche. Kein Wunder, dass mancher – wie auch Manfred Haustein – ausruft: *Veni Sancte Spiritus!* – Komm, Heiliger Geist! Der evangelische Theologe (* 23.05.1929 in Satzung, + 07. 08. 2001 in Leipzig) war Jahrzehnte als Professor in Leipzig tätig.

Er drückt seine Sehnsucht in seinem Gedicht so aus:

Noch einmal, Herr,
Pfingsten
mit Brausen
und Sturzbächen Geist
in unsere
lechzende, rissige
Trockenheit.
So Wüstenwohner
Regen fassen

in Zisternen,

ausgespannten Häuten,

Handschalen,

bebenden Mündern…

Noch einmal, Herr,

Pfingsten

mit Brausen

und Sturzbächen Geist.

Noch einmal, Herr, Pfingsten! Es verwundert nicht, wie zahlreich diese Sehnsuchtsrufe, diese Gebete daherkommen!

Zu Pfingsten (meist) singen wir in unseren christlichen Kirchen in lateinischer und deutscher Sprache: *Veni creator spiritus – Komm, Schöpfergeist!*

Und mancher fleht in seinem Beten: *Ja, gib uns den Geist, deiner Wahrheit Geist, dass wir einander verstehen!*

Könnte, ja müsste das nicht heute unser aller Bitte und Gebet sein?

Veni creator spiritus – Komm, Heiliger Geist!

Komm in unsere friedlose Welt! Zerbrich, verbrenne in deinem Feuer den Hass zwischen Menschen, Völkern!

Gerne singe ich auch im Wechsel mit der Gemeinde während des Hochgebetes – dort, wo Gottes Geisteskraft auf die Gaben herabgefleht wird - den Flehruf:

Sende aus deinen Geist, und das Angesicht der Erde wird neu!

Drum, Gottesgeist: Wirke – geistvoll! – in so vielen geistlosen Situationen und Verhältnissen!

Komm, Heiliger Geist! Komm! Es ist Zeit!

Bruno Stephan Scherer, Gott zeichnen

Wenn an Gott glauben bedeutet, von ihm in der dritten Person reden zu können, glaube ich nicht an Gott. Wenn an ihn glauben bedeutet, zu ihm reden zu können, glaube ich an Gott.

Der bekannte jüdische Religionsphilosoph Martin Buber (* 8.2. 1878 in Wien, † 13. 6. 1965 in Jerusalem) bekennt dies von seinem Glauben an Gott. Ich weiß nicht, ob Bruno Stephan Scherer, der nachfolgendes Gedicht schrieb, obiges Zitat kannte. Er, der Schweizer Schriftsteller und Benediktiner-Pater, wird wohl eher aus eigener Glaubens-Meditation und der Kenntnis um existentielle Zusammenhänge im Menschenleben seine Deutung unter dem Titel ***Gott zeichnen*** niedergeschrieben haben:

Zeichnen Sie mir Gott
verlangte der Psychotherapeut

Sie rief:
Wie kann ich zeichnen
was ich nicht gesehen
nicht gefasst, nicht begriffen habe

Er schwieg
Sein Gesicht blieb hart

Unwirsch zog sie einen Kreis
über Blatt und Tisch:
Sonne Erde Gestirn
oder welche Kugel

Nun geben Sie ihm einen Namen
bezeichnen Sie Gott

ER ist zu gross
zu herrlich, murmelte sie
zu vollkommen-schön
Ich finde keine Worte

Denken Sie nach:
Wie lassen sich Vater und Mutter
Bruder und Schwester
Freund und Geliebter
mit einem Namen benennen

Sie verbarg ihr Gesicht
mit den Händen
und flüsterte:
DU

Ich stelle mir vor, dass Pater Scherer um das tiefe Geheimnis des Menschen und seiner Menschwerdung und seiner Heilung – seines Heils! – weiß. Und dass er es mit Gott – seinem Gottesbild auch – in Verbindung bringt.
Und nochmals sei Martin Buber zitiert, der sagt: *Erst in der Hinwendung zum Du gewinnt das Ich seinen Bestand.*

Wo der Therapeut solche Zusammenhänge sehen und zulassen kann, vermag er einen Menschen, der sein Selbst, sein Ich verlor, auf den Weg der Heilung zurückzuführen.
Und anerkennt zugleich das Geheimnis, das Mysterium GOTT – auch wo wir nach Worten suchen, es zu benennen, damit wir nicht unterlassen, IHM nachzuspüren – lebenslang, in guten und schweren Tagen!

Liste aller Gedichte nach Anfängen / Alphabet

Alle Autoren nach Alphabet

Quellenangaben

Rose Ausländer, Als wäre. Aus: dies., Ich höre das Herz des Oleanders. Gedichte 1977-1979 © S. Fischer Verlag GmbH, Frankfurt am Main 1984

Rose Ausländer, Das Wort. Aus: "Sieben neue Tage", © Evangelische Verlagsanstalt Berlin 1990.

Rose Ausländer, Dornen. Aus: dies., Und preise die kühlende Liebe der Luft. Gedichte 1983-1987 © S. Fischer Verlag GmbH, Frankfurt am Main 1988

Jürgen Becker, Klar kommt …. Aus: ders., Das Ende der Landschaftsmalerei
Suhrkamp Verlag Frankfurt a. M., 1974

Christine Busta, Der Wanderer. Aus: dies., Einsilbig ist die Sprache der Nacht. Ausgewählte Gedichte. Hg. v. Anton Gruber. Salzburg, Wien: Otto Müller Verlag 2000

Hilde Domin, Ecce Homo. Aus: dies., Sämtliche Gedichte. Hg. Von Nikola Herweg und Melanie Reinhold. © S. Fischer Verlag GmbH, Frankfurt am Main 2009

Hans Magnus Enzensberger, First Things First. Aus: ders., Leichter als Luft,
Suhrkamp Verlag Frankfurt a. M., 1999

Hans Magnus Enzensberger, Immer kleiner werdende Unterhaltung.
Aus: ders., Die Geschichte der Wolken Suhrkamp Verlag Frankfurt a. M., 2003

Albrecht Goes, Erwachen wieder, Aus: ders., Gedichte.
© S. Fischer Verlag GmbH, Frankfurt am Main 2008

Albrecht Goes, Sieben Leben, Aus: ders., Gedichte.
© S. Fischer Verlag GmbH, Frankfurt am Main 2008

Johann Wolfgang von Goethe, Wandrers Nachtlied. Ein gleiches
Aus: Das große deutsche Gedichtbuch (Karl Otto Conrady), München, 1995

Manfred Haustein, Veni Sancte Spiritus, in: Gott im Gedicht, (Helmut Zwanger, Verlag Klöpfer & Meyer, 2007, aus: Spuren im Spiegellicht. Lyrik-Anthologie (Karl Bongardt), Union Verlag 1982

Helmut Heißenbüttel, das Sagbare sagen. Aus: ders.: Textbücher 1-6 Klett-Cotta, Stuttgart 1980

Hermann Hesse, Im Nebel. Aus: ders.: Gesammelte Werke. Erster Band.
Suhrkamp Verlag Frankfurt a. M., 1987

Ernst Jandl, an gott Aus: Ernst Jandl, Poetische Werke, hrsg. Von Klaus Siblewski

© 1997 Luchterhand Literaturverlag, München, in: Verlagsgruppe Random House GmbH

Jörg Jordan, venezianisches abendmahl, in: Gott im Gedicht, (Helmut Zwanger, Verlag Klöpfer & Meyer, 2007, aus: kleine münze zeit, Frieling & Partner Verlag, 1988

Reiner Kunze, bittgedanke, dir zu füßen. Aus: ders., eines jeden einziges leben .

© S. Fischer Verlag GmbH, Frankfurt am Main 1986

Paul Konrad Kurz, Mehr oder minder Wappentiere.

Aus: ders., Wem gehört die Erde? Neue religiöse Gedichte, © Matthias Grünewald Verlag der Schwabenverlag AG, Ostfildern 1984. www.verlagsgruppe-patmos.de

Rainer Malkowski, Die Frage. Aus: ders., Hunger und Durst.

Suhrkamp Verlag Frankfurt a. M., 1997

Kurt Marti, der rat der rose,

aus: (ersterschienen) Mein barfüssig Lob, Gedichte, H. Luchterhand, 1987

Kurt Marti, ihr fragt, aus: (ersterschienen) Leichenreden, H. Luchterhand, 1969

Conrad Ferdinand Meyer, Der römische Brunnen

Aus: Das große deutsche Gedichtbuch (Karl Otto Conrady), München, 1995

Renate Morawietz, Wendungen, Aus: Wendungen (Renate Morawietz), Edition Fischer, 2007

Christa Peikert-Flaspöhler, Heute. Aus: dies., Stellenangebot. Gedichte,

© 1980 Lahn-Verlag in der Butzon&Bercker GmbH, Kevelaer, 2. Auf. 1982, www.lahn-verlag.de

Bruno Stephan Scherer, Gott zeichnen, in: Gott im Gedicht, (Helmut Zwanger, Verlag Klöpfer & Meyer, 2007, aus: Rufe. Religiöse Lyrik der Gegenwart 2 Gütersloher Verlagshaus Gerd Mohn, Gütersloh 1981

Walther von der Vogelweide, Ich saz ûf eime steine Aus: Der ewige Brunnen, (Ludwig Reiners), C H Beck, 2007

Rudolf Otto Wiemer, Das Wort.

Aus: Ernstfall. Gedichte. J. F. Steinkopf Verlag GmbH, Stuttgart/Kiel 1989

Rudolf Otto Wiemer, Hör dir das an

Aus: ders., Ungewachsene Gebete, Wolfgang Fietkau Verlag, 1987

NICHT GESAGT

Nicht gesagt
Was von der Sonne zu sagen gewesen wäre
Und vom Blitz nicht das einzig Richtige
Geschweige denn von der Liebe.

Versuche. Gesuche. Misslungen
Ungenaue Beschreibung
Weggelassen das Morgenrot
Nicht gesprochen vom Sämann
Und nur am Rande vermerkt
Den Hahnenfuß und das Veilchen.

Euch nicht den Rücken gestärkt
Mit ewiger Seligkeit
Den Verfall nicht geleugnet
Und nicht die Verzweiflung

Den Teufel nicht an die Wand
Weil ich nicht an ihn glaube
Gott nicht gelobt
Aber wer bin ich dass

Marie Luise Kaschnitz

Printed by Books on Demand GmbH, Norderstedt / Germany